# अपना व्यक्तित्व कैसे निखारें

(How to Improve Your Personality)

साईकोलॉजिस्ट द्वारा लिखित

**डॉ. सन्तोष कुमार गुप्ता**
एम.ए., पी.एच.डी.

यूनीकॉर्न बुक्स

प्रकाशक

**यूनीकॉर्न बुक्स**

F-2/16, अंसारी रोड, दरियागंज, नई दिल्ली-110002

☎ 23275434, 23262683, 23250704 • Fax: 011-23257790

ई-मेल: info@unicornbooks.in • वेबसाइट: www.unicornbooks.in

**शाखा : मुम्बई**

23-25, जाओबा वाड़ी, ठाकुरद्वार, मुम्बई-400002

☎ 022-22010941, 022-22053387

ई-मेल: rapidex@bom5.vsnl.net.in



ISBN: 978-81-7806-178-8

**संस्करण : 2015**



मुद्रकः परम ऑफसेटर्स, ओखला, नई दिल्ली-110020

यह पुस्तक समर्पित है मेरे

माता-पिता एवं पत्नी को जिनका सहयोग

मेरी प्रेरणा है...

# अनुक्रम

# प्राक्कथन
# Preface

**''ये पहाड़ी पैर क्या चढ़ते, इरादों ने चढ़ी है।''** पुस्तक में प्रत्येक अध्याय में मेरा यह प्रयास रहा है कि किसी भी मनोवैज्ञानिक या सामाजिक प्रक्रिया जैसे : सहकारिता और प्रतिस्पर्धा; विनम्रता और आत्मविश्वास, अन्तर्वैयक्तिक आकर्षण, प्रभुत्वशाली और प्रजातांत्रिक नेतृत्व इत्यादि में सर्वप्रथम सैद्धांतिक पहलुओं से पाठक को अवगत कराया जाये। उसके बाद सैद्धांतिक विवेचना से प्राप्त निष्कर्षों को दैनिक जीवन की व्यावहारिक कसौटी पर परखा गया है। तदुपरान्त जहाँ आवश्यक हुआ है आपको अनुपालन हेतु टिप्स, दिये गये हैं। कुछ अध्यायों में आपके व्यक्तित्व में वांछित और अवांछनीय गुणों व व्यवहारों की चेक लिस्ट (Check List) दी गई है, जिसका प्रयोग करने पर आप जिसे चाहें, जिस स्तर तक चाहें प्रभावित कर, अपना इच्छित लक्ष्य पा सकेंगे। जीवन में सफलता के लिए महाकवि जयशंकर प्रसाद जी की ये पंक्तियाँ हमेशा स्मरण रखें :

*इस जीवन का लक्ष्य नहीं है श्रांत भवन में टिक रहना।*
*किंतु पहुँचना उस सीमा तक, जिसके आगे राह न हो।।*

पुस्तक का शीर्षक **'मनोवैज्ञानिक ढंग से अपना व्यक्तित्व कैसे निखारें'** में मनोवैज्ञानिक विधियों से तात्पर्य मनोवैज्ञानिक सिद्धांतों से है। मनोविज्ञान विषय का प्राध्यापक मनोवैज्ञानिक सिद्धांतों के आधार तथा व्यक्तित्व विकास पर उपलब्ध पठन सामग्री में से, कौन-सी सामग्री का चयन कर, पुस्तक के माध्यम से आपके सामने प्रस्तुत करता है, लेखक का यही प्रस्तुतिकरण उसके 25-30 वर्षों के परिश्रम का फल है। यही प्रस्तुति और सामग्री का चयन उसकी मौलिकता का प्रतीक है।

## इस पुस्तक के लेखन की आवश्यकता
(Need)

पाश्चात्य देशों के साहित्य, समाज, सांस्कृतिक और धार्मिक विचारधारा में रिनेसेंस और औद्योगिकीकरण का प्रभाव स्पष्ट दृष्टिगोचर होता है। उनके देशों में प्रेरणात्मक, व्यक्तित्व परिवर्धन और मानव सम्बन्धों पर पुस्तकों का एक अंबार देखने को मिलता है। इसका अर्थ यह नहीं कि हमारे देश में इन विषयों पर पुस्तकें नहीं लिखी गई हैं। हाँ, इतना अवश्य है कि इन पुस्तकों (प्राचीन दर्शन, नीतिशास्त्र आदि) का सम्बन्ध सीधा धार्मिक व्यवहार से जोड़ा गया है। हमारे धार्मिक ग्रन्थों और साहित्य में मानव सम्बन्धों का जो सूक्ष्म विवरण मौजूद है, उसका समुचित मनन और व्यावहारिक उपयोग स्पष्ट करना भी इस पुस्तक का मुख्य उद्देश्य है।

देश में लिखी गई इस विषय पर अधिकांश पुस्तकें पाश्चात्य सोच और वहाँ की परिस्थितियों को उद्धरण करके लिखी गई हैं। मानव सम्बन्धों,

व्यक्तित्व निर्माण और व्यावहारिक पक्ष एवं जो पथप्रर्दशक सिद्धांत, रहीम, कबीर, तुलसी और मैथिलीशरण गुप्त ... (बहुत लम्बी सूची है) ने प्रस्तुत किये हैं, उन्हें हम कोरे प्रवचन मानते हैं। यहाँ मैं तुलसीदास की एक चौपाई प्रस्तुत कर रहा हूँ। जरा मनन करें, जो हमारे आधुनिक 'समाज के सोच' की कसौटी में कम नहीं है, परन्तु उसका अनुसरण कोई नहीं करता है।

*सकल पदारथ हैं जग माहीं।*
*करम हीन नर पावत नाहीं।*

जबकि उनके द्वारा लिखी गई एक अन्य चौपाई जो किसी अन्य सन्दर्भ में कही गई है, उसका अनुसरण अधिकांश लोग करते देखे जा सकते हैं, जो कर्म की बजाय भाग्यवादी अधिक बनाती है।

*हुई है सोइ, जो राम रचि राखा।*
*का करि तरक, बढ़ावै साखा।।*

यहाँ यह स्पष्ट करना आवश्यक है कि लेखक कोई धार्मिक प्रवचनकर्ता नहीं है। वह वैज्ञानिक संकल्पनाओं का समर्थक है और वैज्ञानिक तर्कशास्त्र को अधिक महत्व देता है।

## पुस्तक लिखने का उद्देश्य
(Objectives)

1. मेरी यह कोशिश रही है कि पाठकों को व्यक्तित्व विकास की उन मनोवैज्ञानिक विधियों से अवगत कराया जाये, जो दो व्यक्ति के पहली बार मिलने पर मित्रता विकसित करने में सक्रिय रहते हैं।

2. पाठकों को व्यक्तित्व के शीलगुण जैसे : सहजता, विनम्रता,प्रसन्नता तथा नकारात्मक गुण जैसे : चापलूसी, चाटुकारिता, चुगली, ईर्ष्या, आलोचना आदि के मनोवैज्ञानिक अध्ययनों से प्राप्त निष्कर्षों से उनके गुण-दोष

के आधार पर उनकी व्यावहारिक उपयोगिता पर विचार किया गया है।

3. समाज में विभिन्न लोगों से अन्तःक्रिया के दौरान दो तरह के लोगों से सामना होता है। ऐसे लोग जो उच्च बुद्धिलब्धि (High IQ) दक्ष (Competent) प्रवीण (Skilled) तथा परिपक्व व्यक्तित्व; दूसरे ऐसे लोग जो औसत बुद्धिलब्धि (Average IQ) और अदक्ष (Incompetent) होते हैं। उन पर पुरस्कार-दण्ड के भिन्न सिद्धांत प्रभावी एवं उपयोगी हैं।

4. सभी तरह के लोगों को एक ही तरह की रणनीति से प्रभावित नहीं किया जा सकता है। जैसे चापलूसी (Flattering) को यहाँ नकारात्मक गुण माना गया है तथा ऐसे चापलूस व्यक्ति को समूह के लोग अच्छी दृष्टि से नहीं देखते हैं। ऐसी शंका की जाती है कि चापलूस व्यक्ति चुगलखोर भी होता है।

5. पुस्तक में कुछ बातें, बिल्कुल सामान्य हैं, जिन्हें हम आप सभी जानते हैं। लेकिन इन मुद्दों को पुस्तक में समाहित करने का उद्देश्य पुस्तक की व्यापकता बढ़ाना तथा सभी बिन्दुओं पर विचार मन्थन करना है।

यह पुस्तक उपदेशों का संग्रह नहीं है, न ही कोई दर्शनशास्त्र की पुस्तक है। इसकी सामग्री मनोवैज्ञानिक तथ्यों पर एवं सिद्धांतों पर आधारित है तथा महान पुरुषों के विचारों की समकालिक उपयोगिता पर आधारित है, जिनके कारण वे महान बने। इस पुस्तक में उन सार्वभौमिक सिद्धान्तों का और उनके मनोवैज्ञानिक प्रभावों का समावेश करने का प्रयास है, जो मानव के स्वभाव, संवेग, अभिप्रेरणाओं और प्रवृत्तियों का समागम है, जिनको जानना मानव सम्बन्धों के लिए अत्यंत आवश्यक है। इन सिद्धातों और रणनीतियों के उपयोग का आप जादुई असर देखेगें।

इन सिद्धातों को आपको अपने व्यक्तित्व का एक अविभाज्य हिस्सा बनाना होगा। इसके लिए पुस्तक को एक बार पढ़ना पर्याप्त नहीं होगा। उन स्थितियों में जब आपको लगे कि क्या करें? कैसे करें? तब पुस्तक की सहायता से इसका हल तलाशें। देखें कि महान प्रणेताओं ने ऐसी स्थिति से निपटने के लिए कौन-सा रास्ता सुझाया है।

## यह पुस्तक आप में निम्नलिखित परिवर्तन लाएगी (Remarkable Change)

1. आप बातचीत कला में इतने माहिर हो जाएँगे कि आपके मित्र और परिचित आपके वार्तालाप से गद्गद् होंगे।

2. आपका व्यक्तित्व इतना प्रभावशाली एवं आकर्षक होगा कि लोग आपकी ओर खिचें चले आएँगे।

3. आप ऐसे व्यक्ति होंगे कि आपके अधिकारी और अधीनस्थ सभी आपसे प्रभावित होकर प्रसन्न रहेंगे।

4. यदि आप व्यवसायी हैं, तब आप अपने ग्राहकों को; डॉक्टर हैं, तब मरीजों को; वकील हैं तब मुव्वकिलों का दिल कुशलता से जीत सकेंगे।

5. दोस्ती की मनोवैज्ञानिक, आधारभूत एवं मूल प्रक्रिया को समझकर लक्षित एवं इच्छित व्यक्ति से मित्रता बना सकेंगे।

6. आपसे ईर्ष्या और प्रतिद्वंदिता रखने वाले व्यक्ति भी आपके प्रशंसक बन जाएँगे।

7. आप अपने कैरियर और भविष्य के प्रति अधिक धनात्मकचिन्तन (Positive Thinking) विकसित कर पाएँगे।

8. इस गलाकाट प्रतिस्पर्धा (Cut-throat Competition) के युग में दूसरों से सहयोग प्राप्त कर, हताशा और कुण्ठा से बचकर निरंतर सफलता अर्जित करेंगे।

## पुस्तक का सर्वाधिक उपयोग कैसे करें
(The Best Use of This Book)

1. पुस्तक में दिये गये उदाहरणों को उपदेश या धार्मिक प्रवचन न मानें बल्कि उनके पीछे महान व्यक्तियों के अनुभव और मनोवैज्ञानिक सिंद्धातों का व्यावहारिक एवं जादुई असर छुपा हुआ है, इसके प्रति आप अपनी सोच विकसित करें।

2. पुस्तक के प्रत्येक अध्याय का कम से कम दो बार अध्ययन और मनन करने के बाद ही नया अध्याय पढ़ें।

3. अपने किसी घनिष्ठ मित्र या शुभचिंतक को यह पुस्तक पढ़ने के लिए दें, जिससे वह इसकी विषय वस्तु से अवगत हो जाएगा। फिर उससे कहें कि आप पुस्तक में दिये गये सिंद्धातों में से किन सिद्धान्तों का उपयोग अपने जीवन में करने जा रहे हैं। यदि आपका मित्र आपको इन सिद्धान्तों का उल्लंघन करते पकड़ेगा तब उसके प्रत्येक टोकने पर पाँच रुपये आप मित्र को दण्डस्वरूप देंगे। इस तरह खेल-खेल में आपमें इन सिद्धान्तों का अनुशीलन हो जाएगा।

4. जब भी आप किसी व्यक्ति पर इन सिद्धान्तों का उपयोग करने जा रहे हैं, तब उसका नाम एवं सिद्धान्त के परिणामों का विवरण लिखें। इसके लिए आप डायरी बना लें।

5. रात को सोने से पहले या फुर्सत के क्षणों में 10 मिनट सारे दिन के क्रियाकलापों में, आपने कहाँ इन सिद्धान्तों का कुशलता से उपयोग किया एवं अपेक्षित परिणाम प्राप्त किये। कहाँ इन सिद्धान्तों को उपयोग के बावजूद

आपको असफलता का सामना करना पड़ा। असफलता का कारण सिद्धान्त का प्रभावहीन होना था या सिद्धान्त के उपयोग में कहीं कमी रह गई थी। आपको कहाँ, कौन-सा सिद्धान्त का उपयोग करना था और आप चूक गये।

6. यह आवश्यक नहीं कि आप पुस्तक में वर्णित सभी सिद्धान्तों से सहमत हों। आप अपने विवेक पर भी पूर्ण विश्वास करें।

पुस्तक में दिये गये उदाहरण एवं अन्य सामग्री मेरे वर्षों के अध्ययन से संग्रहीत किये गये हैं। पुस्तक की सामग्री अध्ययन के दौरान प्रसिद्ध पुस्तकों, समाचार-पत्रों, पत्र-पत्रिकाओं एवं शोध पत्रों से संकलित हैं। दुर्भाग्यवश कहीं-कहीं सामग्री का स्रोत ज्ञात नहीं है। मैं उन सभी प्रत्यक्ष और अप्रत्यक्ष स्रोतों का आभार व्यक्त करता हूँ। इस पुस्तक की रचना में जिन विद्वानों की बहुमूल्य कृतियों एवं विचारों का सहारा लिया गया है, मैं उन सभी के प्रति कृतज्ञता प्रकट करता हूँ।

❑❑❑

# 1

# व्यक्तित्व क्या है
## What is Personality

"व्यक्तित्व की परिभाषा एक व्यक्ति की शारीरिक बनावट, व्यवहार के रूपों, रुचियों, अभिवृत्तियों, सामर्थ्यों, योग्यताओं और अभिक्षमताओं के सबसे अधिक लाक्षणिक संकलन के रूप में की जा सकती है।"

**एन.एल. मन मनोवैज्ञानिक**

**"Personality may be defined as the most characteristic integration of an individual's structure, modes of behaviour, interests, attitudes, capacities, abilities and aptitudes."**

**N.L. Munn, Psychologist**

अंग्रेजी शब्द पर्सनेलिटी लैटिन शब्द पर्सोना (Persona) से लिया गया है, जिसका अर्थ वेश बदलने के लिए प्रयोग किये गये मुखौटा (Mask) से था। हम लोग व्यक्तित्व का अर्थ व्यक्ति के बाह्य रूप (Look) से लगाते हैं। मनोविज्ञान में व्यक्तित्व का अर्थ व्यक्ति के बाह्य

रूप और आंतरिक विशेषताओं के योग से है। व्यक्तित्व एक झलक या अहसास है, जब व्यक्ति अपनी समस्त आंतरिक-बाह्य क्षमताओं से अपने परिवेश से अनुकूलन करता है। अतः व्यक्ति अपनी सभी शारीरिक और मानसिक क्षमताओं से परिवेश से अनुकूलन के लिए जिस प्रकार व्यवहार करता है, वही उसका व्यक्तित्व है।

## व्यक्तित्व शीलगुणों का संगठित प्रतिमान है
(Personality Pattern)

शीलगुण (Traits) व्यवहार की एक शैली (Style) है। ये शीलगुण प्रत्येक व्यक्ति में अलग-अलग पाये जाते हैं। व्यक्ति में एक से अधिक शीलगुण हो सकते हैं। कुछ मनोवैज्ञानिक इन शीलगुणों की संख्या 4000 मानते हैं। लेकिन आजकल मनोवैज्ञानिक अतिमहत्वपूर्ण 35 युगल शब्दों को व्यक्तित्व के शीलगुणों को मान्यता देते हैं। प्रसिद्ध मनोवैज्ञानिक आर. बी. कैटेल ने व्यक्तित्व शीलगुणों के तीन प्रकार बताये हैं।

**1. क्षमता शीलगुण (Ability Traits)-** इन शीलगुणों से व्यक्ति किसी लक्ष्य के प्रतिशत् प्रभावी ढंग से कार्य करने में समर्थता हासिल करता है। जैसे-बुद्धि, एक क्षमता शीलगुण है।

**2. चित्तप्रकृति शीलगुण (Temperament Traits)-** यह शीलगुण व्यक्ति के लक्ष्य की ओर प्रदर्शित करता है।

**3. गत्यात्मक शीलगुण (Dynamic Traits)-** ये शीलगुण व्यक्ति की लक्ष्यप्राप्ति में संलग्न अभिप्रेरणाओं (Motive) और अभिरुचियों (Interests) को प्रदर्शित करते हैं।

एक परिपक्व एवं स्वस्थ व्यक्तित्व में कई विशेषताओं का विकास किया जाना आवश्यक है। पुस्तक में आकर्षक व्यक्तित्व के लिए

लिवास/परिधान और हमारी वेशभूषा के प्रभावों को स्पष्ट किया गया है। बातचीत की कला का विकास प्रभावशाली व्यक्तित्व के लिए अत्यंत महत्वपूर्ण है। व्यक्तित्व की विशेषताओं में समय प्रबंधन, तनाव प्रबंधन, शारीरिक स्वास्थ्य और भोजन में पोषण पदार्थों की उपस्थिति पर आपको निरंतर ध्यान देना आवश्यक है। मनोवैज्ञानिक विशेषताओं में प्रेरणा, संवेग, रुचियों आदि का विकास, प्रबंधन एवं नियमन में भी आपको प्रशिक्षित होना होगा। व्यक्तित्व विकास एक सतत् प्रक्रिया है। अतः व्यक्तित्व विकास के सभी अवयवों में संतुलन करना आवश्यक है। व्यक्तित्व का एक अन्य पहलू जो अत्यधिक महत्वपूर्ण है। वह है, आपका मानसिक स्वास्थ्य, जिसको चिकित्सा की शब्दावली में मानसिक स्वास्थ्य सूचकांक (Mental Health Index) में जाना जाता है। संवेगों और अभिप्रेरणाओं का गलत ढंग से विकास व्यक्तित्व में विघटन उत्पन्न कर आपको मानसिक रोगी बना देगा।

## व्यक्तित्व विघटन के कारण
(Causes for Personality Disintegration)

विज्ञान और तकनीक के युग में हमारे परंपरागत मूल्यों, विश्वासों तथा सामाजिक एवं पारिवारिक संस्थाओं में बिखराव हो रहा है। इस व्यस्तता के बीच व्यक्ति कुण्ठा (Frustration), चिंता (Anxiety) एवं प्रतिबल (Stress) से ग्रसित हो रहा है। मद्यपान तथा प्रशान्तक और चिन्तानाशक दवाइयों का सेवन हो रहा है। जो व्यक्ति कुण्ठा, चिंता और प्रतिबल से निपट लेते हैं, उनका व्यक्तित्व, विघटन से बच जाता है। इसमें असफल व्यक्ति मनोदैहिक रोग जैसे- अस्थमा, ब्लडप्रेशर और अल्सर आदि या मनोविकृति के शिकार हो जाते हैं। सामान्य पाठक व्यक्तित्व को एक अन्य ढंग सामान्य और असामान्य व्यक्तित्व के रूप में समझ सकता

है। एक व्यक्ति किसी मनोविकृति से ग्रसित हो सकता है। मनोविकृति का तात्पर्य असामान्य व्यवहार या मानसिक विकृतियों से लिया जाता है। उदाहरण के लिए किसी व्यक्ति को भूतप्रेत लगने को हम मानसिक विकृति, कनवर्जन हिस्टीरिया मानते हैं। अन्य मनोरोग का उदाहरण किसी व्यक्ति का भीड़ से भय (Claustrophobia); पानी से डर (Hydrophobia) आदि भी मनोविकृति के उदाहरण हैं।

अब सामान्य व्यक्तित्व को कैसे पहचानें? मनोवैज्ञानिक 'मासलो' और 'मिटिलमेन' के अनुसार यहाँ सामान्य व्यक्तित्व की विशेषताएँ दी जा रही हैं, जिनसे उनके सामान्य व्यक्तित्व का पता किया जा सकता है।

1. सुरक्षा की पर्याप्त भावना (Adequate feeling of security)
2. पयुक्त संवेगात्मकता (Adequate emotionality)
3. वातावरण से प्रभावपूर्ण संपर्क (Efficient contact with reality)
4. उपयुक्त आत्म मूल्यांकन (Adequate self-evaluation)
5. शारीरिक आवश्यकताओं की उपयुक्त संतृप्ति (Adequate gratification of body needs)
6. व्यक्तित्व में एकरूपता (Integration of personality)
7. समूह की आवश्यकताओं की पूर्ति का प्रयास (Efforts to satisfy group needs)
8. यथार्थपरक जीवन लक्ष्य (Realistic life goals)
9. पूर्व अनुभवों से लाभ उठाने की योग्यता (Ability to learn from past experiences)

10. स्वयं की पर्याप्त जानकारी (Adequate self-knowledge) उपर्युक्त विशेषताएँ एक स्वस्थ एवं सामान्य व्यक्तित्व में उपस्थित होती हैं। इनमें असंतुलन असामान्यता का संकेत है।

व्यक्तित्व में असामान्यता या मनोविकृति के लक्षणों का आभास होने पर मनोवैज्ञानिक, मनोचिकित्सक या परामर्शदाता से सलाह लेना आवश्यक है। भारत में ग्रामीण और जंगली क्षेत्रों में अभी भी मनोव्याधि का कारण जादू-टोना या भूत-प्रेत बाधा को माना जाता है। मनोविकृति से पीड़ित व्यक्ति को तांत्रिकजन पीड़ा या कष्ट देकर व्याधि दूर करने की कोशिश करते हैं। जबकि मानसिक व्याधि का कारण व्यक्ति के मस्तिष्क में रसायनों का असंतुलन, मनोवैज्ञानिक और सामाजिक कारण हो सकते हैं।

❑❑❑

2

# लोगों के दिलों पर कैसे राज करें
# How to Win the Hearts of People

## बातचीत की कला में कैसे निपुण बनें
(Art of Conversation)

बातचीत करने के ढंग का अपना असर होता है। आप कैसे दिखते हैं, कैसे परिधान पहनते हैं और कैसे बातचीत करते हैं। ये तीनों मिलकर आपके व्यक्तित्व को आकर्षक बनाते हैं। बातचीत की कला में आवाज और अंदाज दोनों का महत्व होता है। आपकी बातचीत का अंदाज ऐसा होना चाहिए कि लोग आपको सुनना चाहें। यहाँ कुछ ऐसे टिप्स दिये जा रहे हैं जो निश्चित ही आपको बातचीत कला में निपुण बना देगें।

## बातचीत के समय शारीरिक भावभंगिमा
(Body Language)

बातचीत के समय आपके खड़े होने का तरीका बहुत महत्वपूर्ण होता है। यदि आप तनकर खड़े हैं, तो अंहकार या घमंड प्रदर्शित होगा। जब आप

झुककर या दोहरे होकर खड़े होते हैं, तब आपकी बातचीत में दब्बूपन प्रदर्शित होता है।

## बातचीत में स्वर यंत्र का महत्व
(Importance of Vocal Cords)

बातचीत में आपके फेफड़ों का प्रयोग होता है। अतः उन्हें व्यायाम देकर, मजबूत करना आवश्यक है। इनके व्यायाम के लिए आप योग में धीरे-धीरे साँस लेकर पेट फूलने और पिचकाने की क्रिया करें। फेफड़ों के व्यायाम के लिए आप किसी योग के प्रशिक्षक से प्रशिक्षण ले सकते हैं।किसी पुस्तक से एक लंबा पैराग्राफ चुनकर एक साँस में उसे पढ़कर देखें। इससे आप साँस पर नियंत्रण पाकर बातचीत के समय फेफड़ों का सही उपयोग कर सकेगें। फेफड़ों के व्यायाम के लिए आप किसी कवि की कुछ पक्तियाँ भी प्रतिदिन 5-10 बार एक सांस में पढ़कर फेफड़ों को व्यायाम दे सकते हैं। उदाहरण के लिए यहाँ छत्रसाल की कुछ पंक्तियाँ दी जा रही हैं। इनको एक सांस में पढ़कर अभ्यास करें :

***बृख को तरन तेज, सहसों किरण कर,***
***ज्वालन के जाल बिकराल बरखत हैं।***
***तचति धरनि जग झरत झरनी,***
***सीरी झाँह को पकर पंछी पंथी बिलमत है।।***

छत्रसाल

## ध्वनि में उतार-चढ़ाव
(Tone Fluctuation)

आपने देखा होगा कुछ लोग ध्वनि में बिना उतार-चढ़ाव के धाराप्रवाह बोलते हैं। ऐसी बातचीत प्रभावहीन और अनाकर्षक होती है। फिल्मों

में अभिनेता डायलॉग उतार-चढ़ाव और भावों को परिवर्तित करके बोलते हैं। जैसे फिल्मी गानों में सुख-दुख वियोग के भाव ध्वनि के उतार-चढ़ाव से ही प्रदर्शित कर पाना संभव है। लता मंगेशकर जी का गाया वह गीत : **ये मेरे वतन के लोगों, जरा आँख में भर लो पानी, जो शहीद हुए हैं उनकी, जरा याद करो कुर्बानी...**। ध्वनि के उतार-चढ़ाव को सीखने के लिए किसी एक वाक्य को 5-10 बार अलग-अलग भाव जैसे क्रोध, दुख, कष्ट या व्यंग्य आदि में बोलने का अभ्यास करें। जब आप ध्वनि के उतार-चढ़ाव से किसी वाक्य को दर्पण के सामने दोहरा रहे होंगे, तब आश्चर्य भाव से बोलते समय, आपकी आंख की भौंहे ऊँची हो जाएँगी। क्रोध के समय आँखे तनेंगी।

ध्वनि के उतार-चढ़ाव के समय चेहरे के जबड़े, होंठ और जीभ की महत्वपूर्ण भूमिका होती है। अतः यहाँ इनके व्यायाम के लिए कुछ अभ्यास दिये जा रहे हैं। इनको बार-बार और जल्दी-जल्दी बोलें, शुद्धता का ध्यान रखें।

**ऊँट ऊँचा, ऊँट की पीठ ऊँची। ऊँची पूँछ ऊँट की।**

**कच्चा पापड़, पक्का पापड़।**

**खड़क सिंह के खड़कने से, खड़कती हैं खिड़कियाँ।**
**खिड़कियों के खड़कने से, खड़कता है खड़क सिंह।।**

**चाचा ने चाची को चाँदनी रात में।**
**चाँदी की चम्मच से चटनी चटाई थी।**

## बातचीत में गति का महत्व
(Fluency)

कई लोग फर्राटे से हिन्दी या अंग्रेजी बोलते हैं। बातचीत की कला में गति अत्यन्त महत्वपूर्ण होती है। फर्राटे से बोलने पर बोलने वाले में

आत्मविश्वास झलकता है लेकिन सुनने वाले को भी समझने का समय देना होगा। यदि आप अत्यंत धीमे गति से बोलगें तो सामने वाला ऊबने लगेगा। इसलिए बातचीत की गति को आपको चुनना होगा।

## शब्दों के बीच विराम
(Pauses)

बातचीत के समय वाक्यों और शब्दों के बीच विराम अत्यंत महत्वपूर्ण होता है। वाक्यों के बीच विराम, आपको बोलते वक्त विश्राम देता है तथा श्रोताओं को सोचने और समझने का समय प्रदान करता है। संप्रेषण को प्रभावशाली बनाने के लिए सोचकर बोलना वक्ता और श्रोता दोनों के लिए लाभकारी होता है।

## शब्द चयन
(Word Selection)

प्रभावशाली बातचीत के लिए शब्द चयन सबसे महत्वपूर्ण है। शब्दों की सटीकता, संप्रेषण को अत्यंत आकर्षक बना देती है। बातचीत में भारी भरकम या गूढ़ अर्थ वाले शब्दों की आवश्यकता नहीं है। बल्कि सरल और सारगर्भित शब्दों से बातचीत को अत्यंत रोचक बनाया जा सकता है।

## ऊँचा स्वर
(High Pitch)

ऊँचे स्वर में बातचीत का कोई अर्थ नहीं है। ध्वनि-तीव्रता उतनी ही रखी जाये, जितनी सुनने के लिए आवश्यक हो।

बातचीत की कला व्यक्तित्व की एक महत्वपूर्ण विशेषता है, इसलिए पुस्तक में इसकी चर्चा कई रूपों में बार बार आएगी।

## सफल बातचीत कला के टिप्स
(Conversation Tips)

1. मित्रों में दो लोग मिलकर ऐसी कोई बात न बोलें, जो बाकी लोग न समझते हों।

2. कानाफूसी न करें। कान में बात करना अशोभनीय समझा जाता है।

3. चुगली न करें। दूसरों की आलोचना न करें।

4. बातचीत के समय आप व्यक्ति के व्यवहार, उसकी रुचियाँ/पसंद-नापसंद/शौक इत्यादि चीजों के बारे में जानकर उसके व्यक्तित्व के सम्बन्ध में धारणा बना सकते है। अतः ऐसे समय आपका अच्छा श्रोता एवं दर्शक होना आवश्यक है।

5. अपनी बात पूर्ण विश्वास और दबंगी के साथ रखें।

6. Excuse me, Thank You, Welcome, Please, Of course, Why not, Sorry जैसे शब्दों का प्रयोग आवश्यकता के अनुसार करें।

7. आभार प्रदर्शन (Expression of Gratitude) हमेशा करें।

8. बधाई एवं आशीर्वाद (Congratulations and Good Wishes) देना न भूलें।

## बातचीत तर्कपूर्ण होनी चाहिए
(Be Logical)

आप प्रायः देखते होंगे कुछ व्यक्तियों का आचरण एवं व्यवहार अपनी विचारधारा, अवस्था और विश्वासों पर आधारित होते हैं। उनके ऐसे

व्यवहार में सर्वथा विवेक और तार्किकता का अभाव रहता है। ऐसे अंधानुकरण से समाज को समस्याओं का सामना करना पड़ता है। आप कितना ही उनकी विचारधारा या आचरण परिवर्तित एवं संशोधित करने का प्रयास करें या ऐसा चाहें कि उनके विवेक और तार्किकता का विकास हो, यह असंभव नहीं तो कठिन जरूर है। वैसे तार्किकता के अभाव में व्यवहार असामान्य कहलाता है। संभव है कि तार्किकता और विवेक का विलोप व्यक्ति में मानसिक रोग के कारण हो।

एक बार मैं विद्यार्थियों के साथ ग्वालियर स्थित मानसिक चिकित्सालय में मनोरोगियों का अवलोकन करने गया। हमारे साथ चिकित्सालय के एक मनोचिकित्सक हमारा मार्गदर्शन कर रहे थे। मनोचिकित्सक हम सबको एक महिला मनोरोगी के पास ले गये और हमसे कहा कि आप इस महिला से चर्चा कीजिए एवं अनुमान लगाइए कि यह किस तरह की मनोरोगी है? मैंने महिला से उसका नाम पूछा। तब उसने अपना नाम बताया। जिससे पता चला कि वह महिला हिन्दू है तथा उसके पति की दुकान है। वह कहने लगी- 'सर! मुझे आप यहाँ से घर भिजवा दीजिए। मेरे पति मेरे बिना बहुत परेशान हो रहे होंगे।' मैंने पूछा-'तुम्हें क्या परेशानी (मानसिक बीमारी) है?' उसने कहा- 'साहब! मेरे शरीर में प्रेत आकर घर का सारा सामान फिकवाना आरंभ कर देता था। जिससे परेशान होकर मुझे यहाँ भर्ती कराया गया।' तब मैंने उससे पूछा- 'तुम प्रेत से बचने के लिए हिन्दूधर्म की आस्था के अनुसार आदिदेवता गणेश, हनुमान या माँ जगदम्बा का आवाहन कर उसे भगा सकती थीं।' महिला चुप रही। इसी बीच मनोचिकित्सक मुझे बताने लगे कि यह महिला मनोरोग के कारण अपनी तर्कशक्ति खो चुकी है। अब इसके लिए तर्क और विवेक कोई मायने नहीं रखते हैं।

इसी प्रकार के लोगों से आपका सामना, जैसे आपके बॉस, मित्र, सम्बन्धी या अधिकारी से हो सकता है, जिनके लिए उनके स्वार्थ सर्वोपरि हों। कानून और प्राकृतिक नियम सब दोयम दर्जे की बातें हों, उनका व्यवहार तार्किक और वैज्ञानिक न होकर, उनकी स्वार्थी विचारधारा के अनुरूप होगा।

## डींग न मारें, अपने मुँह मियाँ मिट्ठू न बनें
(Don't Boast)

अपनी विनम्रता और दक्षता का प्रदर्शन उपयुक्त समय पर करने का, हर संभव प्रयत्न करें। योग्यता और दक्षता का प्रदर्शन भी अति आवश्यक है। उसके तरीके अपरोक्ष होने चाहिए। यहाँ कुछ टिप्स दिये जा रहे हैं :

1. अपनी उपलब्धियों को उपयुक्त समय और तरीके से बातों-बातों में परिलक्षित करना। उन्हें सरलता से बताना जिससे लोगों को लगे कि आप उन्हें प्रभावित न कर, मात्र बात निकलने पर बता रहे हैं।

2. अपने व्यक्तित्व को ऐसा बनाएँ कि लोग आपसे मिलकर हर्ष से भर उठें और आनंद से झूम उठें।

3. उदारता, विनम्रता, त्याग, सहनशीलता, धैर्य, समय की पाबंदी, प्यार, स्नेह, साहस, मृदुभाषा और श्रद्धा - सुन्दर और सुदृढ़ व्यक्तित्व के घटक (Components) हैं। अहंकार, ईर्ष्या, लोभ, डर, घृणा, आक्रमकता, शत्रुता, चिंता, लापरवाही, क्रूरता, अपराधी भावना और हीन भावना - नकारात्मक या कमजोर व्यक्ति के परिचायक हैं।

4. छल, कपट, धूर्तता एवं बेईमानी ऐसे अवगुण हैं, जो दूसरों को ज्ञात होने पर या आपके व्यक्तित्व में इनकी उपस्थिति, आपके व्यक्तित्व के अस्तित्व को एकदम शून्य कर देंगे। समाज और व्यक्ति इन अवगुणों के प्रति तीव्र नकारात्मक प्रतिक्रिया करेंगे।

## अहंकार और आलोचना से दूर रहें

(Avoid Criticism)

मेरे एक परिचित का अपने ज्ञान पर इतना अहंकार था कि वह किसी से बातचीत के दौरान यह कहते सुने जाते थे कि "जहां कोई बात खत्म करेगा, वहाँ से वह शुरू कर सकते हैं।"

मनोवैज्ञानिक शब्दों में आलोचना से उसके अहं के अस्तित्व को खतरा उत्पन्न हो जाता है। ऐसी स्थिति में वह व्यवहार में अपेक्षित सुधार करे या फिर वह अपने व्यवहार की तरफदारी करे। जैसे यदि आप किसी से कहते हैं कि सिगरेट पीना छोड़ दें तथा आप उसे कैंसर या उच्च रक्तचाप का भय आदि भी देते हैं, तब व्यक्ति भी आपको अपने व्यवहार के समर्थन में तर्क देना आरंभ कर देता है कि क्या कैंसर बिना सिगरेट पीने वालों को नहीं होता? मरना तो एक बार सभी को है। तब क्यों वह अपनी इच्छाओं का हनन करे? वह ऐसा तर्क भी दे सकता है कि सिगरेट पीने से उसका ध्यान केन्द्रित होता है।

इसका असर यह होगा कि व्यक्ति की आदत में सुधार तो हुआ नहीं और व्यक्ति आपके सामने उपस्थित होने से बचेगा। ऐसी स्थिति में विकल्प क्या हो? ऊपर दिये गये उदाहरण पर ही विचार करते हैं। आलोचना को समाज अपने सदस्यों के अनपेक्षित व्यवहारों पर नियंत्रण के साधनों के रूप में इस्तेमाल करता है।

**टिप्स**
1. दूसरों की आलोचना न करें।
2. क्रोध को काबू में रखें। कैसी भी स्थिति में अपने क्रोध को काबू में रखना अनिवार्य है।
3. दूसरों की बातों में सहृदय रुचि लें एवं जिज्ञासा से सुनने का प्रयास करें।

4. संयम और धैर्य बनाए रखें।
5. क्या आप दूसरों की मानसिकता या व्यक्तित्व को परिवर्तित कर सकते हैं? नहीं न! फिर क्यों ऐसा करने के लिए तर्क क्षमता का उपयोग किया जाये?

## दूसरों की आलोचना या उपहास न करें
(Don't Comment)

ऐसा सर्वविदित है कि किसी व्यक्ति की आलोचना करना बहुत सरल है लेकिन उसके दुष्परिणामों से बचना उतना ही कठिन है। आलोचना और उपहास व्यक्ति के अहम् और स्वाभिमान को ठेस पहुँचाते हैं। व्यक्ति में आलोचक के विचारों को मानने के प्रति प्रतिरोध उत्पन्न हो जाता है। व्यक्ति सर्वाधिक अपने बारे में ही सोचता है। उसके लिए उसकी जाति, धर्म, देश, योग्यता और परिवार आदि सर्वश्रेष्ठ होता है।

आलोचना करना इसलिए भी सरल है कि आलोचक आलोच्य विषय में ज्ञान न होने पर भी आलोचना कर सकता है। तभी तो **विद्वान जॉनसन ने कहा है कि खाने की आलोचना के लिए किसी को रसोइया होने की आवश्यकता नहीं है।**

चलिए मान लेते हैं कि आप किसी व्यक्ति की आलोचना उसके किसी व्यवहार में सुधार के सुविचारित उद्देश्य से कर रहे हैं। लेकिन क्या उसके व्यवहार में सुधार की अपेक्षा की जा सकती है? शायद नहीं। क्योंकि आलोचना से उस व्यक्ति में प्रतिरोधक क्षमता उत्पन्न हो जाती है, जिससे वह आपकी सही सलाह को भी नहीं मानता।

## अभिवादन
(Gratitude)

दूसरों को प्रभावित करने के लिए भाव एवं श्रद्धा का संप्रेषण सबसे महत्वपूर्ण साधन है। आपको अभिवादन कला में दक्ष होना आवश्यक है। सभी प्रकार के अभिवादन मूलरूप से विनम्रता और सहृदयता के परिचायक हैं।

जहाँ तक अभिवादन करने और उसका प्रत्युत्तर देने का सवाल है, अभिवादन विभाग, पद, उम्र, लिंग और सामाजिक मर्यादा आदि को ध्यान रखकर करना चाहिए। अभिवादन किये जा रहे व्यक्ति से अंतरंगता एवं घनिष्ठता प्रदर्शित की जा सकती है।कभी-कभी ऐसा देखा गया है कि आप अपने से वरिष्ठ अधिकारी का इसलिए अभिवादन करना बंद कर देते हैं कि उससे मतभेद या उसने किसी बात को लेकर कभी डाँट दिया था। ऐसा करके आप उसे अपना दुश्मन बना रहे होते हैं। ऐसी स्थिति में भी आप उन्हें पूर्व की तरह पूर्ण श्रद्धा से अभिवादन करें।

यदि आप पुलिस या अर्द्ध सैनिक दल में हैं, तब चटक और त्रुटिहीन सेल्यूट करें तथा साथ में जयहिन्द या नमस्ते श्रीमान् बोलें। यदि आप किसी बुजुर्ग या सम्मानित व्यक्ति से मिल रहे हैं तब हृदय की ओर हाथ रखकर, सर झुकाकर अभिवादन करें या फिर हाथ जोड़ प्रणाम, श्रद्धेय आदि कहें। ऐसे व्यक्ति से अपनी ओर से हाथ मिलाने की पहल न करें। यदि वह व्यक्ति हाथ बढ़ाता है तब तुरंत एक कदम आगे बढ़ाकर हल्के से अपना दाहिना हाथ उसके हाथ में दें और बायें हाथ से उनके मिलाये जाने वाले हाथ को छुयें। समान उम्र के व्यक्ति या मित्र से हाथ मिलाते वक्त पूरी हथेली से भरकर गरमजोशी से हाथ मिलायें तथा हल्के से हथेली को दबायें। मिले हाथों को ऊपर नीचे हिलाने की जरूरत नहीं है।

## नियम
(Rules)

***"किसी व्यक्ति से पहली बार मिलने पर उसे बार-बार एहसास दिलायें कि उससे मिलकर आपको बहुत खुशी हुई।"*** जब कोई मित्र आपको अपने किसी मित्र से आपका परिचय कराता है, तब आप उससे गरमजोशी से हाथ मिलायें। उसका नाम बड़े ध्यान से सुनें, नाम को स्मरण रखने की कोशिश करें। यदि ठीक से नहीं सुन पाया हो तो विनम्रता से पूछें माफ कीजिए, क्या शुभ नाम बताया था आपने? उसकी बातचीत में हृदय से रुचि लें। इससे आपका मित्र और वह व्यक्ति भी आपसे प्रभावित होगा। विदाई लेते समय उस व्यक्ति से पुनः कहें कि आपसे मिलकर मुझे अत्यंत प्रसन्नता हुई। पुनः मिलेंगे। वाय या नमस्ते। शुभरात्रि आदि-आदि।

प्रश्न है कि किन विशिष्ट उपायों से व्यक्ति अपने आकर्षण में वृद्धि कर सकता है? सामाजिक व्यवहार की विविधता की तरह यह उपाय भी विविध है। जोन्स ने अनुग्राही (Ingratiater) के लिए तीन मुख्य उपायों को उपयोगी बताया है। प्रशंसा (Compliment), सहमति (Agreement) तथा अपने को आकर्षक ढंग से प्रस्तुत करना। कभी-कभी व्यक्ति द्वारा अपने को आकर्षक बनाने के लिए जिन उपायों का प्रयोग किया जाता है, नैतिक दृष्टि से वे उपाय उचित नहीं लगते, क्योंकि इन उपायों के प्रयोग में दूसरे को धोखा देने की-सी बात है। उदाहरणार्थ, अनुग्रह प्राप्त करने के लिए हम अपने से शक्तिशाली व्यक्ति की प्रशंसा करते हैं। इस प्रशंसा में मिथ्या सराहना की गंध आती है। इसका अर्थ है कि हमारी सहमति व सराहना वास्तविक नहीं बल्कि दूसरों को केवल प्रसन्न करने के लिए है। ऐसा होते हुए भी बहुत से लोग उपर्युक्त तीनों युक्तियों का सहारा इसलिए लेते हैं, जिससे कि अपने व्यावहारिक प्रभाव

से दूसरों को प्रभावित कर सकें। एक दूसरे पर शंका एवं संदेह घर, परिवार और मित्रता को शत्रुता में बदल देते हैं। रामचरितमानस में कैकयी के मन के संदेह ने राम को वनवास और अयोध्या को संकट में डाल दिया था। राष्ट्रकवि मैथिलीशरण गुप्त की उक्त दो पंक्तियों में सन्देह ने कैकयी के व्यक्तित्व को नष्ट कर दिया था।

***भरत से सुत पर भी संदेह।***
***बुलाया तक न उसे जो गेह।।***

बातचीत जीवन के सर्वश्रेष्ठ सुखों में से एक है। बातचीत व्यक्तित्व का वह ब्रह्मास्त्र है, जिससे लक्षित व्यक्ति बच ही नहीं सकता। इस कला से आप अपने परिजन, मित्र, परिचितों और लक्षित व्यक्तियों को प्रभावित कर सकेंगे। अतः आपको बातचीत के तिलस्म के रहस्य को समझना ही होगा।***बातचीत के दौरान हमेशा विद्वान इमरसन का यह कथन स्मरण रखें "बुद्धिमत्तापूर्ण, सृजनात्मक एवं अनुकूल बातचीत, सभ्यता का अन्तिम पुष्प है।"***

अतः बातचीत में निपुण होना किसी को प्रभावित करने और अपना बनाने का प्रथम और अंतिम सिद्धांत है। बातचीत के दौरान अच्छा श्रोता होना आपके लुभावने व्यक्तित्व में चार चाँद लगा देगा। कोई भी व्यक्ति समझ सकता है कि जब तक आप दूसरों की बातों में रुचि नहीं लेंगे, तब तक वह व्यक्ति आप में क्यों रुचि लेगा? प्रसिद्ध विद्वान मांटेग ने कहा है कि ***"चुप्पी और विनम्रता बातचीत के लिए आवश्यक और उपयोगी विशेषताएँ हैं।"*** यहाँ चुप्पी से अभिप्रायः अपनी बात करने की बजाय सहिष्णुता एवं धैर्य से दूसरों के विचार और कथन रुचि से सुनने से है। विनम्रता का अर्थ है कि, बिना तर्क किये सहजता से दूसरों को सुनने से है। मैं ऐसा करता, हूँ। मैं यह पसंद या नापसंद करता हूँ। मैं, मैं, मैं...ये 'मैं' शब्द आपस में आकर्षण को कम करता है। हरेक व्यक्ति

के लिए उसकी अपनी योग्यता, बच्चे, बीबी, माँ, बाप आदि-आदि विश्व में अद्वितीय होते हैं। अतः किसी व्यक्ति को जानने और आकर्षित करने के लिए यह जरूरी है कि आपकी जगह वह बताए कि वह क्या है। उसकी क्या योग्यताएँ हैं। उसकी रुचियाँ और पसंद-नापसंद को आप पूर्ण जिज्ञासा से सुनें तथा उनमें रुचि लें। फिर देखें जादुई कमाल, वह व्यक्ति आपको पसंद करेगा, आपसे मिलकर उसे खुशी होगी।

## शब्दों की सटीकता का प्रभाव

(Appropriate Words)

बातचीत को प्रभावशील बनाने के लिए आवश्यक है कि आपका शब्दकोश समृद्ध हो। लगभग समान अर्थ प्रकट करने के लिए एक से अधिक पर्याय होते हैं। उनकी सूक्ष्म भिन्नता को समझ कर, उन पर्याय शब्दों में से सबसे उपयुक्त शब्द का प्रभाव बहुत असरदार और प्रभाव डालने वाला होगा। इस संदर्भ में गोस्वामी तुलसीदास की निम्नलिखित चौपाई पर ध्यान दें। चौपाई रामचरित मानस के सुन्दरकाण्ड से अवतरित की गई है, जिसमें हनुमान जब लंका में प्रवेश करते हैं।

***सूक्ष्म रूप धरि सियहि दिखावा। बिकट रूप धरि लंक जरावा।***
***भीम रूप धरि असुर संहारे। रामचंद्र के काज सँवारे।।***

इसमें सूक्ष्म और विकट शब्दों के प्रभाव पर ध्यान दीजिए।

इसी प्रकार मैथिलीशरण गुप्त की रचनाओं में भी शब्दों का बड़ा महत्व है। इस सम्बन्ध में मेरी राय तो यहाँ तक है कि जैसे आपकी बातचीत हिन्दी भाषा में हो रही है और बातचीत के समय ऐसा लगता है कि अंग्रेजी का शब्द उस प्रयोजन में ज्यादा सटीक है, तो उस शब्द का प्रयोग बिना संकोच किया जा सकता है।

## बातचीत के समय याद रखने हेतु सावधानियाँ (Be Cautious)

1. बातचीत के बीच अनावश्यक हस्तक्षेप न करें। दो व्यक्तियों के बीच तब तक न बोलें जब तक बोलना अनिवार्य न हो।

2. कोशिश करें कि बातचीत बहस में परिवर्तित न हो जाये, क्योंकि बहस का अंत सुखद न होकर तनाव और चिड़चिड़ापन उत्पन्न करेगा।

3. किसी बात को असरदार बनाने के लिए आवश्यक है कि आवाज (Tone) का विशेष ख्याल रखा जाये। किसी बात को असरदार बनाने का मतलब हमेशा यह नहीं है कि आप तेज आवाज में या चिल्लाकर कहें। बल्कि बातचीत के दौरान जिस बात को असरदार बनाना है उसमें विशेष टोन और उच्चारण की विशेषता उत्पन्न कर कहें। जैसे फिल्मों में बोलते समय अभिनेता अपने Tone और चेहरे पर विशेष भाव उत्पन्न कर बोलता है।

4. बातचीत करते समय जहाँ तक संभव हो, कम शब्दों का प्रयोग करें। क्योंकि कम शब्दों में ज्यादा से ज्यादा भाव प्रकट करना वाकपटुता का द्योतक है। कम शब्दों में बोलना श्रोता में सुनने की ललक बढ़ाती है और बातचीत को प्रभावी बनाती है।

5. बातचीत के दौरान आपको सतर्क रहना है कि कहाँ बातचीत रोक देना है। गोयथे का कहना है कि ***"बुद्धिमान व्यक्ति जानते हैं कि उन्हें, कहाँ रुकना है।"***

## आलोचकों और निदंको से डरें नहीं बल्कि उन्हें सुनें (Listen Carefully)

1. ऐसे आलोचक जिनका ऐसा करने का कारण मात्र अज्ञानता एवं आदत है, उनको कोई महत्व ही न दें। जानसन का कथन है कि, ***'खाने की आलोचना के लिए रसोइया होना जरूरी नहीं है।'*** ऐसे व्यक्ति किसी भी महान व्यक्ति की आलोचना कर सकते हैं। चाहें राष्ट्रपिता महात्मा गाँधी ही क्यों न हों। अतः ऐसे व्यक्ति की आलोचना से किचिंत न घबराएँ।

2. गोस्वामी तुलसीदास ने कहा है कि ***निंदक नियरे राखिए, आँगन कुटी छबाय*......**अर्थात् आप अपनी निंदा या आलोचना करने वाले से बचने का प्रयास न करें, बल्कि उन्हें गौर से सुनें, क्योंकि ये व्यक्ति ही आपकी कमियों और त्रुटियों को देख सकते हैं। परिवार के सदस्य और मित्रों को तो आपके गुण ही नजर आते हैं।

अतः निन्दा करने वाले व्यक्ति को सुनकर आप व्यक्तित्व के उन नकारात्मक पक्षों को जान सकते हैं और उनमें आवश्यक सुधार कर अपना व्यक्तित्व विकास कर सकते हैं।

## किस विषय पर मजाक या उपहास न करें (Don't Ridicule)

कुछ लोगों की यह आदत होती है कि वे अपने अहं की तुष्टि के लिए दूसरों का मजाक उड़ाते हैं। यह आदत ठीक नहीं है। इससे अंतर वैयक्तिक सम्बन्धों के खराब होने की पूरी आशंका रहती है।

***ऐसी बानी बोलिए, मन का आपा खोय।***
***औरन को सीतल करे, आपहु सीतल होय।।***

**कबीर**

उपहास के परिणाम कभी-कभी भयंकर एवं विनाशकारी होते हैं। महाभारत के युद्ध का कारण द्रौपदी का वह मजाक था जिसमें दुर्योधन के फिसलकर गिर जाने पर द्रौपदी ने मजाक किया था कि अंधे की संतान भी अंधी होती है।

अतः उपहास और मजाक में अंतर करना आवश्यक है। मजाक भी किसी की योग्यता और अहं को ठेस पहुँचाने वाला न हो। हास्य बोध (Sense of Humour) का अर्थ मजाक करना कतई नहीं। हास्य अपने ऊपर होने पर भी मन में गुदगुदी पैदा करता है, जबकि उपहास अन्दर सूई-सा चुभता प्रतीत होता है। अतः ऐसे विषयों पर मजाक या उपहास नहीं करना चाहिए—

1. पुरुष के पुरुषत्व और उसके चरित्र पर।
2. नारी के नारीत्व और उसकी पवित्रता पर।
3. किसी की शारीरिक अपंगता, मानसिक और आर्थिक कमजोरी पर।
4. किसी की योग्यता पर।
5. किसी की व्यक्तिगत जिंदगी पर।

भाषा की स्पष्टता और विचारों की गहनता जितनी आवश्यक है, किसी भाषा विशेष पर अधिकार उतना जरूरी नहीं, जितनी अधिक भाषाओं का आपको बेहतर ज्ञान हो, लेकिन किसी भाषा के न जानने से हीनता की ग्रन्थि पालने जैसी कोई बात नहीं। जो भाषा जानते हों, वही व्यवहार में लायें, दिखावे के लिए अशुद्ध अंग्रेजी बोलने से अच्छा है कि आप अपनी मातृभाषा का प्रयोग करें। इसका अर्थ यह नहीं कि अंग्रेजी जैसी संपर्क भाषा प्रयोग करने का प्रयास ही न करें, बल्कि अपने घनिष्ठ मित्रों से चर्चा करते वक्त आप पूर्ण विश्वास से अँग्रेजी में बोलने

का अभ्यास कर सकते हैं। क्योंकि आपका मित्र आपकी त्रुटि को नजर अंदाज करेगा या फिर वह सदाशयता से आपकी गलती की ओर इशारा करेगा।

वातचीत के दौरान अनावश्यक हाथ-पैर न चलाएँ। बात करते समय सामने वाले से नजरे न चुराएँ बल्कि आँखो में देखते हुए दृढ़तापूर्वक बात करें।

किसी से मिलने पर उचित अभिवादन करें और समुचित प्रत्युत्तर दें। महिला एवं पुरुष से एक साथ मिलने पर पहले महिला का अभिवादन करें, फिर पुरुष का।

आपके साथ कोई मित्र या परिचित हो और आप अन्य लोगों सें मिलते हैं तो अन्य लोगों से उसका परिचय कराना न भूलें। पहले महिला से पुरुष का परिचय कराएँ फिर पुरुष का महिला से। इसी प्रकार कम आयु के व्यक्ति का परिचय अधिक आयु के व्यक्ति से कराएँ, उसके बाद अधिक आयु के व्यक्ति का परिचय दें।

कई लोग ऐसा दावा करते हैं कि वे बड़े सत्यवादी एवं स्पष्ट बोलने वाले हैं। लेकिन शायद वे यह नहीं जानते हैं कि कई बार सत्य बोलना दूसरों को कष्ट पहुँचाता है। ऐसी स्थिति में क्या करें ? इसका सबसे कारगर जवाब होगा कि ऐसी स्थिति में चुप रहें, जब आपको प्रतीत हो कि सच बोलने से दूसरे की भावना एवं अहम् को ठेस लगती है। चुप रहना एक ऐसा अचूक बाण है, जिससे सामने वाले को एहसास भी हो जाएगा कि उसकी बात या सोचने में गड़बड़ है और सच बोलने के विपरीत व नकारात्मक प्रभाव से भी बच सकेंगे। ऐसे में सी.एल. नल का यह सिंद्धात स्मरण रखें, ***'सत्य वचन के पक्षधर बहुधा चुप रहने को बढ़िया विकल्प मानते हैं।'***

## प्रभावी भाषण कला पर कुछ टिप्स
(Some Tips)

1. सफल भाषण की शुरुआत श्रोताओं से प्रश्न पूछकर भी की जा सकती है।
2. भाषण को प्रभावी बनाने के लिए श्रोताओं की विशेषता के सम्बन्ध में पूरी जानकारी पूर्व में ही जान लेना चाहिए।
3. श्रोताओं से सीधे-सीधे प्रत्यक्ष संवाद स्थापित करें। आपके और उनके बीच में संवाद मैं (I) और तुम (You) में होना चाहिए न कि 'वे' (They) में।
4. श्रोताओं से वाद-विवाद या टकराहट से बचें।
5. भाषण में उपयोग की जा रही शब्दावली सटीक, सरल, संभ्रांत और संसदीय हो।
6. भोंड़े शब्दों और स्थानीय बोली के शब्दों के उपयोग से बचें।

## सदैव मुस्काराते रहें ताकि लोग आपसे मिलकर खिल उठें
(Keep Smiling)

**मुस्कान गहरा असर छोड़ती है :** मुस्कुराहट एक ऐसी कला है जो हर व्यक्ति को अपना प्रशंसक और दीवाना बना देती है। साधारण चेहरे वाले भी अपनी मुस्कुराहट द्वारा लोगों को अपना दीवाना बना लेते हैं। इसके विपरीत यदि आपका चेहरा खूबसूरत है लेकिन उस पर बिना मुस्कान के आपका व्यक्तित्व प्रभावहीन हो जाता है। स्वास्थ्य की दृष्टि से भी यह सिद्ध हो गया है कि मुस्कुराना लाभदायक है। मुस्कुराने से व्यक्ति चिंता एवं तनाव से मुक्ति पा सकता है।

मुस्कुराहट से आप अपने विरोधियों को भी अपना बना सकते हैं। मैं जीवन बीमा कंपनी में एक अधिकारी को जानता हूँ, जिसने मुस्कान रूपी अस्त्र से कंपनी को करोड़ों रुपयों का व्यवसाय दिया और बीमा कंपनी में उच्च पद पर आसीन है।

**टिप**– यदि आप चाहते हैं कि लोग आपसे प्रसन्नतापूर्वक मिलें, तो आपको उनसे प्रसन्नतापूर्वक मिलना होगा।

**टिप**– एक प्रसिद्ध चीनी कहावत........जिस मनुष्य का मुखमंडल मुस्कराता हुआ नहीं है, उसे दुकान नहीं खोलनी चाहिए।

**चेतावनी**– मन में कपट रखकर दिखावटी मुस्कान से आप किसी को अधिक देर तक मूर्ख नहीं बना सकते हैं। अतः मुस्कान दिल के अंदर से हो, जिससे आप अपने अधीनस्थ और बॉस दोनों का दिल जीत सकेंगे।

## अपने बॉस को कैसे *टेकल* करें

(Tackling Boss)

सभी जानते हैं कि बॉस के पास अधीनस्थ को नुकसान पहुँचाने के बहुत से तरीके होते हैं। जैसे- स्थानान्तरण कर देना पदोन्नति व वेतनवृद्धि रोकना, सजा के रूप में अर्थदण्ड या निंदा और गोपनीय चरित्रावली में विपरीत टिप्पणी लिख देना। अतः बॉस को टेकल करना टेड़ी खीर होता है। तभी तो अंग्रेजी में कहा जाता है कि 'Boss is always right' (बॉस हमेशा सही होता है) या अत्यंत प्रचलित भारतीय जुमला 'साहब की अगाड़ी और घोड़े की पिछाड़ी से, हमेशा बचना चाहिए।'

कई बार आप महसूस करेंगे कि आपका बॉस बड़ा अधिनायकवादी है। उसने कार्यालय में अपना आतंक फैला रखा है। बॉस के बुलावे पर आप में भय की लहर संचारित हो जाती है। सामना होने पर आप अपना विश्वास खो देते हैं और वह सब नहीं कह पाते हैं, जो आपको कहना अत्यंत आवश्यक था। अतः बॉस को कैसे ***टेकल*** किया जाये यह जानने से पहले उन मनोवैज्ञानिक पहलुओं को जान लिया जाये जो बॉस के व्यक्तित्व और प्रकार को बतलाते हैं। अधीनस्थ से व्यवहार और स्वभाव के आधार पर बॉस मुख्यतः चार प्रकार के होते हैं।

1. निर्दयी, उतावले, निरंकुश बॉस 2. दयालु बॉस 3. अहस्तक्षेपी बॉस और 4. प्रजातांत्रिक बॉस।

निर्दयी, उतावले, निरंकुश बॉस — उत्पादन के दौरान आपके कार्य का निरंतर निरीक्षण करते हैं तथा तद्सम्मत आदेश देते हैं तथा चाहते हैं कि उनके आदेशों को तत्काल माना जाये। वह कठोर अनुशासन पसंद करते हैं तथा विश्वास करते हैं कि अधीनस्थ की प्रशंसा करने से वह बिगड़ जाता है। उसे अपने पद की प्रतिष्ठा का हमेशा ख्याल रहता है तथा वह अपने कर्मचारी के किसी भी प्रयास पर विश्वास नहीं करते हैं। ऐसे बॉस से अधीनस्थ डरे हुए रहते हैं, परंतु असंतुष्ट रहते हैं। अधीनस्थ अपनी व्यक्तिगत जिम्मेदारी बहुत कम समझते हैं। अधीनस्थ समूह, असुरक्षित, तनाव, आक्रमकता और अहंकारी हो जाते हैं। अन्य प्रकार के बॉस की प्रकृति को उनके नाम से ही आप समझ सकते हैं।

## कार्यस्थल पर अधीनस्थ की सलाह और निर्णयों में सहयोग के लाभ
(Potential Benefits)

1. अधिक सुझाव
   More suggestions
2. प्रेरणा में वृद्धि
   Improved motivation
3. अधिक सहयोग
   Greater cooperation
4. अधीनस्थों पर कम दबाव
   Reduced stress on subordinates
5. परिवर्तन के प्रति अधिक कटिबद्धता
   Greater commitment to change
6. परिवर्तन के प्रति अधिक स्वीकृति
   Better acceptance to change
7. कार्य पर कम अनुपस्थिति
   Less absence from work
8. कर्मचारियों में अधिक आत्मसम्मान
   Great self-esteem in workers
9. उच्च कार्य संतुष्टि
   High job satisfaction
10. अधिक कार्य निष्पादन
    Higher performance
11. उत्पाद की बेहतर गुणवत्ता
    Better quality of production

## अधीनस्थों की सहभागिता एवं सहयोग प्राप्त करने के लिए आवश्यक बातें

(Subordinate's Cooperation)

1. अधीनस्थ को पर्याप्त समय देना।
   Adequate time to subordinates.
2. अधीनस्थों का कार्य लागत की तुलना में लाभ मिलना ज्यादा संभव हो।
   Potential benefit greater than costs.
3. अधीनस्थों की रुचि को महत्व दिया जाना।
   Importance to subordinate's interests.
4. अधीनस्थों के नियंत्रण और प्रबंधन सम्बन्धी योग्यता का होना।
   Adequate abilities to deal with the subordinates.
5. पारस्परिक संप्रेषण/बातचीत की क्षमता।
   Mutual ability to communicate.
6. एक-दूसरे को भय की अनुभूति न होना।
   No feeling of threat to either party.

**नियम-** दूसरों को जानने के लिए आवश्यक है कि आप अपने बारे में भी जानते हों, क्योंकि जो व्यवहार आपको अपने पर पसंद नहीं, वह कभी दूसरों को भी पसंद नहीं आ सकता है।

***बुरा जो देखन में चला बुरा न मिलिया कोय।***
***जो दिल खोजा आपना मुझसे बुरा न कोय।।***

कबीर

□□□

3

# वस्त्र, फैशन और आपका व्यक्तित्व

## Dress Sense

***"आपकी वेशभूषा आपके व्यक्तित्व की एक मौन व्याख्या करती है।"***

- ❖ कहावत है कि खाइए अपनी पसंद का, परंतु पहनिए दूसरों की पसंद का।
- ❖ कपड़े सिर्फ शरीर ढकने के लिए नहीं पहने जाते, बल्कि परिधान ऐसे हों कि आपका व्यक्तित्व निखारें।
- ❖ पुरुष या स्त्री को अपनी ऊँचाई, रंग, मौसम एवं समय आदि से मेल खाते वस्त्र पहनना चाहिए।
- ❖ सुरुचिपूर्ण और समयानुसार पहने गये वस्त्र आपके व्यक्तित्व को निखारते हैं।

मनुष्य एक सामाजिक प्राणी है तथा जीवन जीने के लिए उसे तीन आवश्यकताएँ पूर्ण करनी आवश्यक होती हैं। वे प्रमुख आवश्यकताएँ हैं– भोजन, वस्त्र और मकान।

मनुष्य ने निरंतर तरक्की की है। आज मनुष्य की आवश्यकता इन तीनों के अलावा और भी बढ़ गई है, जैसे मान, सम्मान, इज्जत आदि। आज मनुष्य प्रदर्शन, प्रतिष्ठा व प्रतिस्पर्धा की होड़ में है, जिससे वह अपने आपको सुन्दर और सजीला भी बनाना चाहता है। मनुष्य की जरूरतों को अर्थात् मनुष्य को सुन्दर बनाने में वस्त्रों की महत्वपूर्ण भूमिका है।

वस्त्रों में समय के साथ-साथ निरंतर परिवर्तन आते जा रहे हैं तथा अलग-अलग मौसम में अलग-अलग वस्त्रों का प्रयोग किया जाता है, जिसे मनुष्य उचित अवसर पर धारण कर सम्मान बनाता है तथा देखा भी जाता है। जो अच्छे वस्त्र धारण करता है, उसे समाज अलग तरीके से देखता है। अर्थात् उसे पढ़ा-लिखा समझदार व्यक्ति समझा जाता है।

वस्त्रों के अनुसार व्यक्ति की समझदारी, गुण आदि का पता लगाया जा सकता है। अतः विभिन्न उम्र, लिंग, मौसम, समाज, राज्य, आर्थिक स्थिति, अवसर, संस्कृति, धर्म तथा शैक्षणिक स्तर पर वस्त्रों की प्रमुख भूमिका है।

युवा-युवतियाँ अपने आप को आकर्षण का केन्द्र बनाने के लिए वस्त्रों में विभिन्नता की चाहत महसूस करते हैं। साथ ही फैशन के अनुरूप ही वस्त्रों की आवश्यकता महसूस की जाती है। प्रत्येक व्यक्ति अपनी पसंद के वस्त्र धारण करना चाहता है तथा इसी दृष्टिकोण से इस उम्र के वस्त्र का आकर्षण फैशन के अनुरूप, शिष्टता की सीमा में सुविधाजनक होने चाहिए।

- ❖ इस समय युवक-युवतियाँ वर्तमान में चल रहे फैशन के अनुरूप ही वस्त्रों का चयन करते हैं। सामान्यतः सभी एक ही तरीके के वस्त्रों का चयन करते हैं। जैसे-जैसे उम्र बढ़ती जाती है, चयन सम्बन्धी प्रक्रिया भी परिवर्तित हो जाती है। पर मध्य उम्र में केवल

शर्ट ही पसंद करते हैं। स्त्रियाँ तरुणावस्था (Teenage) में फ्राक, टॉप स्कर्ट व जींस पसंद करती हैं। प्रौढ़ अवस्था में वे सूट या साड़ी ही पसंद करती हैं।

❖ वृद्धावस्था में सामान्यतः आरामदायक वस्त्रों की आवश्यकता होती है। वस्त्र पहनने व उतारने में आसान हो। वृद्धावस्था में अक्षमता व बीमारियों के कारण वस्त्र वजन में हल्के व सादी डिजाइन के होने चाहिए।

❖ पोशाकों के लिए खरीदते समय विशेषकर जलवायु का ध्यान रखना चाहिए। कई लोग बिना विचार किये वस्त्र खरीदते हैं।

❖ ग्रीष्म ऋतु की पोशाकों के लिए वस्त्रों का चुनाव करते समय इस बात का विशेष ध्यान रखना चाहिए, कि जो वस्त्र लिया जाये वह बाहरी वातावरण से शरीर की रक्षा कर सके। व्यक्ति स्वयं को आरामदायक व प्रसन्नचित्त महसूस कर सके। इस उद्देश्य की पूर्ति हेतु इस समय हल्के रंग के वस्त्र जो कि ठंढक प्रदान कर सकें, उपयुक्त होते हैं। कपड़े पतले व बारीक हों। वस्त्र अधिक से अधिक पसीने को अवशोषित कर सके, जिससे गर्मी अधिक महसूस न हो। मोटे वस्त्रों में पसीना अधिक आता है, जिससे बार-बार धोने की आवश्यकता पड़ती है। इसलिए वे ऐसे बने हों, जो आसानी से धोये जा सकें।

❖ शरद ऋतु में शरीर की गर्मी शरीर में बनी रहे, इस दृष्टि से वस्त्र ताप के कुचालक होने चाहिए। गहरे रंग व बड़े प्रिण्ट के वस्त्र इस मौसम के अनुकूल होते हैं। बाहर की हवा शरीर में प्रवेश न कर सके, इस उद्देश्य की पूर्ति के लिए रोयेदार व वजन में भारी वस्त्र उपयुक्त होते हैं। जैसे-ऊन, रेयॉन,

कृत्रिम तन्तु आदि। पोशाकों को खुले न बनवाकर बंद गले, लंबी बाहें, कॉलर वाले बनवाने चाहिए। वर्षा ऋतु में वस्त्र का चुनाव ग्रीष्म ऋतु के अनुकूल वस्त्रों के समान ही किया जा सकता है। इसके अतिरिक्त आसानी से साफ होने वाले और जल्दी सूखने वाले वस्त्र इस मौसम के सर्वाधिक अनुकूल होते हैं। जल अभेद्य वस्त्रों का प्रयोग स्वास्थ्य की दृष्टि से अनुपयुक्त होता है। पानी से बचने के लिए कभी-कभी इनका प्रयोग किया जाता है।

## वस्त्र पेशे के अनुसार हो
(Occupation and Dress)

व्यक्ति जिस प्रकार का कार्य करता है, उसके अनुरूप वस्त्रों का चुनाव करना चाहिए। शारीरिक श्रम करने वाले व्यक्तियों के वस्त्र इस तरह के तंतु से बने हों जो आरामदायक, धुलने में आसान तथा जिनकी कार्य क्षमता अधिक हो एवं संख्या में अधिक होने चाहिए। मानसिक कार्य करने वालों के वस्त्र व्यक्ति की चुस्ती फुर्ती को बनाए रखने वाले, चित्त को प्रसन्न रखने वाले हों। व्यक्ति के पद व प्रतिष्ठा के अनुकूल हों। उपयुक्त फिटिंग के तथा कार्य करने में आरामदायक होने चाहिए।

यूँ तो कई व्यवसायों के वस्त्र जैसे- पुलिस, पादरी, संन्यासी, फायरमैन, नेवी, एयरफोर्स, नर्स आदि के निर्धारित होते हैं, जो कि उस कार्य विशेष के लिए अनुकूल होते हैं। वस्त्र रंग, स्टाइल, फैशन तथा फिनिश में उत्तम होने चाहिए। व्यक्ति की रुचि और संस्कृति का आभास उसके वस्त्रों से ही लगाया जाता है। अवसर के अनुरूप वस्त्रों का चुनाव करने वाले व्यक्ति सहज ही आकर्षण का केन्द्र बनते हैं। इसका अर्थ हमें यह कदापि नहीं लगाना चाहिए कि वस्त्र मँहगे ही हों। उचित अवसर

पर सलीके के वस्त्र पहनें। सस्ते वस्त्र भी आकर्षण का केन्द्र बन सकते हैं तथा आपके व्यक्तित्व में निखार लाते हैं।

- ❖ कार्य पर जाते समय पहने जाने वस्त्र व्यक्ति के शारीरिक और मानसिक कार्य के अनुरूप हों। व्यक्ति को प्रतिष्ठा, पद, कार्य की प्रकृति के होते हुए आरामदायक एवं कार्य करने में आसान हों। जैसे मानसिक कार्य करने वाले के वस्त्र हल्के व सामान्य हों, उसी तरह शारीरिक श्रम करने वालों के वस्त्र, थोड़े ढीले व उचित नाप के होने चाहिए।
- ❖ खेलने के समय पहने जाने वाले परिधानों के लिए वस्त्र मुलायम, मजबूत, अधिक तनाव सामर्थ्य से परिपूर्ण होने चाहिए। साथ ही अवशोषण के गुण से युक्त हों, छिद्रयुक्त हों और आसानी से धोये जा सकने वाले हों, तो अति उत्तम रहता है, क्योंकि खेलते समय पसीना बहुत निकलता है।
- ❖ ऑफिस में पहने जाने वाले परिधानों के वस्त्र कार्य के अनुरूप, आरामदायक, आसानी से साफ होने वाले, सिलवट अवरोधक आकर्षक एवं उपयुक्त फिटिंग के होने चाहिए।
- ❖ पार्टी में पहने जाने वाले परिधान थोड़े चमकीले, सजावटी, विविध रंगों के, कीमती, फैशन के अनुरूप तथा आकृति के अनुरूप चुने जा सकते हैं। त्यौहारों के समय पहने जाने वाले परिधानों के वस्त्र सजावटी और रंगीन व आकर्षक होने चाहिए। पारंपरिक वस्त्र भी उपयुक्त रहते हैं, जो खुशी व आनंद का प्रतीक हों।
- ❖ यात्रा के समय पहने जाने वाले परिधानों हेतु वस्त्र का चयन इस प्रकार करना चाहिए कि वे आरामदायक, जल्दी सूखने वाले, आसानी

से साफ होने वाले हों। थोड़े ढीले वस्त्र उपयुक्त रहते हैं। जेबें जिसके अंदर की ओर सुरक्षित हों, वह पोशाक ठीक होती है, जिससे कीमती वस्तुओं तथा रुपये पैसे को सुरक्षित रखा जा सके।

❖ विश्राम के समय ढीले, हल्के मुलायम, साफ, मजबूत एवं छिद्रयुक्त परिधान होना चाहिए।

❖ यद्यपि अवसर के अनुरूप वस्त्र का चुनाव करने का कोई निश्चित सिंद्धात नहीं है, फिर भी निम्नलिखित बातों पर ध्यान रखना अनिवार्य है।

इस सम्बन्ध में कुछ व्यावहारिक सुझाव निम्नलिखित हैं —

1. औपचारिक अवसरों के लिए ऐसे वस्त्रों का चुनाव करना चाहिए जो शालीनता, सौम्यता और गंभीरता प्रदान करते हों तथा देखने में सुन्दर लगते हों।

2. पढ़ने वाले विद्यार्थियों के वस्त्र सादे तथा गंभीरता प्रदान करने वाले हों।

3. आफिस के वस्त्र साफ, सुथरे, सादे तथा कार्य कुशलता बढ़ाने वाले हों।

4. रात्रिभोज, पार्टी, क्लब, विवाह आदि समारोहों में रंग-बिरंगे, भड़कीले, सुनहरे, रूपहले, कीमती वस्त्रों का चुनाव करना चाहिए।

5. वस्त्रों का रंग समयानुकूल हो।

6. परिधानों के सह उपकरणों जैसे-टाई, बेल्ट, आदि का चुनाव भी समय एवं स्थान को देखकर करें।

7. दैनिक उपयोग में आने वाले या घर पर पहने जाने वाले वस्त्रों का चुनाव सहज धुलाई, आरामप्रद तथा अवशोषणता युक्त गुणों का ध्यान में रखकर करें।

8. वस्त्र के चुनाव में अभिरुचि और पसंद का भी ध्यान दें।

9. रात्रि में सोते समय वस्त्र कोमल, मुलायम, बार-बार धुलाई को सहन करने वाले तथा त्वचा को सुखद लगने वाले हों।

10. खेलकूद के लिए ऐसे परिधानों का चुनाव करना चाहिए, जो मजबूत तथा दृढ़ हों। खिंचाव सामर्थ्य सहने वाले, कोमल तथा पसीना जल्दी सोखने वाले हों।

11. छोटे बच्चों के परिधानों के लिए सूती वस्त्र ही अच्छे रहते हैं। ये कोमल छिद्रयुक्त अवशोषण तथा आसानी से धोये जाने वाले, सस्ते व सुन्दर वस्त्र होते हैं।

## परिधानः कब और क्या पहनें
(Dress)

लिबास पहनना एक कला है। कब क्या पहनें? इसका ख्याल रखना बहुत जरूरी है। अगर आप आफिस में कार्यरत हैं तब पैण्ट और मौसम के मुताबिक पूरी या आधी बाँह की शर्ट को दबाएँ, बेल्ट पैण्ट से मैच करता या काले रंग का हो। आफिस में कई लोग लेदर की चप्पल पहनते हैं जिससे उनकी स्मार्टनेस समाप्त हो जाती है। कोशिश रहे कि काले या ब्राउन लेदर के शू मोजे सहित पहनें। फील्ड में ड्यूटी जाते समय स्पोर्ट-जूते ज्यादा आरामदायक रहेगें। सर्दियों में यदि सूट पहन कर जाते हैं, तब लेदर शूज ही पहनें। देख लें कि सूट के साथ पहनी टाई कहीं गंदी तो नहीं हो गई है। कार्यालय में जीन्स और टीशर्ट पहनने से परहेज करें।

## फैशन और परिधान
(Fashion)

आज बच्चे, युवा, प्रौढ़ सभी फैशन के दीवाने हैं। फैशन में परिधान के साथ जूते, चप्पल, केशविन्यास, घड़ी, बैग, पर्स, डायरी और बेल्ट भी सम्मिलित है। व्यक्ति फैशन क्यों करता है? इसके पीछे दो मनोवैज्ञानिक कारण हैं। पहला, सबसे अलग दिखने की इच्छा तथा दूसरा सबके समान दिखने की इच्छा। फैशन की उत्पत्ति का प्रारंभ **प्रथम कारण** करता है। जब किसी समूह के चार व्यक्ति फैशन के मुताबिक वस्त्र पहनते हैं, तब पाँचवें और अन्तिम व्यक्ति को भी अलग-थलग न पड़ने की स्थिति में, फैशन के साथ चलना पड़ता है।

## फैशन बुरा नहीं है
(Not Bad)

फैशन के प्रति जागरूकता भी उतनी ही जरूरी है, जितनी विज्ञान और समाज आदि के बारे में जागरूकता आवश्यक है। इसका अर्थ यह नहीं है कि आप बेढंगे और ऐसे रंग बिरंगे वस्त्र पहनें कि शालीन की जगह बहुरूपिया दिखें। फैशन में भी शालीनता बनाई जा सकती है।

## कुछ टिप्स

1. माह में एक बार बालों की कटिंग कराएँ।
2. सप्ताह में तीन-चार दिन बाल में शैम्पू करें।
3. प्रतिदिन सेविंग करें।
4. महीनें में एक बार फेशियल करें तथा नाक और गाल की खीलें निकालें।

5. खाना खाने के बाद में ब्रश करें।

6. यदि मूँछ रखते हैं तब तीसरे दिन उन्हें सेट करें। उसी समय नाक के बाल कैंची से निकाल दें, जो बाहर से दिखते हों।

7. कान पर उगे बालों को अवश्य काटें। कुछ लोग अंधविश्वास के कारण ऐसा नहीं करते हैं।

❑❑❑

# 4

# दो अजनबी दोस्त क्यों बनते हैं
# Strangers as Friends

**"A friend in need is a friend indeed."**

***"जो आवश्यकता के समय काम आये वहीं सच्चा मित्र है।"***

## दोस्ती कैसे होगी-

दोस्ती के लिए निम्नलिखित में से एक से अधिक कारक आवश्यक हैं (1) समानता (2) समीपता (स्थानिक सन्निकटता) (3) निंरतरता (4) आवश्यकता और (5) महत्व।

## दोस्ती क्यों होती है —

एक व्यक्ति का दूसरे व्यक्ति से अन्तःक्रिया करते समय मनोवैज्ञानिक सिद्धांत (Exchange Theory) कार्य करता है। इस सिद्धांत के अनुसार, लाभ-लागत= प्राप्तियाँ में से व्यक्ति चेतन या अचेतन रूप से लागत से अधिक प्राप्तियाँ चाहता है। अतः यह आवश्यक है कि जिस व्यक्ति से

आप मित्रता करना चाहते हों, आवश्यक है कि आप उसे यह प्रदर्शित कर सकें कि आप उसके काम आ सकते हैं या ऐसे मौकों के समय उसका सहयोग अवश्य करें, जिस समय उसे किसी की आवश्यकता हो।

प्रसिद्ध मनोवैज्ञानिक **टेडेसी** (1974) के अनुसार एक व्यक्ति दूसरे व्यक्ति की ओर आकर्षित होता है। उससे पुरस्कार की प्रत्याशा (Expectancy) जितनी अधिक होगी, आकर्षण भी उतना अधिक होगा। अतः यह आवश्यक है कि आपकी कोशिश रहे कि आपसे दूसरों की प्रत्याशा पूर्ण हो। अर्थात् कम से कम लागत पर अधिक से अधिक लाभ देने वाले व्यक्तियों के प्रति आकर्षण होकर मित्रता हो सकती है।

स्मरण रहे कि लागत और लाभ सिद्धान्त (Cost-effect theory) सभी व्यक्तियों पर एक समान प्रभावी नहीं होता वरन् प्रत्येक व्यक्ति की निजी आवश्यकताओं, इच्छाओं और प्राथमिकताओं पर निर्भर होगा। अब यह सुनिश्चित करना आपके ऊपर है कि इस जादुई सिद्धांत का उपयोग आप कैसे और कितनी दक्षता से करते हैं।

मनोवैज्ञानिक **थिम्बा** एवं **केली** (1959) के अनुसार जब दो व्यक्तियों में अंतःक्रिया (Interaction) होती है, तब लागत और लाभ-हानि की जाने-अनजाने गणना उनमें चलती रहती है।

## दोस्त क्यों बनते हैं : संबद्धता की आवश्यकता
(Need for Affiliation)

औद्योगिकीकरण-पूर्व समाज में सम्बन्धन की अत्यधिक आवश्यकता मानी जाती थी। सम्बन्धन का अर्थ समाज तथा पास-पड़ोस के लोगों के साथ जुड़े रहने की प्रवृत्ति है। सम्बन्ध कई कारणों से प्रेरित होता है। प्रथम तो यह कि प्रारंभिक अवस्था से ही व्यक्ति समाज के साथ रहना सीखता

है, खासतौर पर तब, जब वह भयभीत हो। दूसरों के साथ रहने पर व्यक्ति को यह हौसला रहता है कि खतरे तथा कठिनाइयों में वे एक-दूसरे के साथ हैं। अर्थात् दूसरों की उपस्थिति भय में कमी लाती है। दूसरे व्यक्तियों की सहायता करने तथा उनसे सहायता लेने पर भी सम्बन्ध विकसित होते हैं। संक्षेप में कहा जा सकता है कि सम्बन्धन की आवश्यकता व्यक्ति में व्यक्तिगत तथा सामाजिक सुरक्षा की भावना बनाए रखती है ताकि, सुख-दुख की घड़ी में उसे दूसरों से नैतिक बल के साथ-साथ कठिन परिस्थितियों का सामना करने की शक्ति मिलती है। यह प्रेरणा मानसिक स्वास्थ्य के लिए भी उचित प्रतीत होती है। औद्योगिकीकरण व आधुनिकीकरण के बढ़ने एवं मनोरंजन हेतु केबल टी.वी., वर्तमान स्वरूप में सम्बन्धों में हिंसा, नैतिक पतन, तनाव और अकेलेपन के अहसास का सामना करना पड़ सकता है। ये समाज की महत्ता को कम बनाते जा रहे हैं। मानव का अकेले रहना उचित नहीं है। तभी तो **अरस्तू** ने कहा है कि ***"मनुष्य एक सामाजिक प्राणी है"***। **मिल्टन** ने अपनी पुस्तक पैराडाइज लॉस्ट में कहा है कि ***"मानव अकेला नहीं रह सकता, क्योंकि अकेले रहकर वह जीवन के तमाम सुखों का उपभोग नहीं कर सकता है"।***

यहाँ एक प्रश्न महत्वपूर्ण है। लोग ऐसा क्यों चाहते हैं कि सभी उसके प्रति आकर्षित हों और उससे प्रभावित रहें?

संभवतः इस प्रकार की आवश्यकता की जड़ें लोगों के सामाजिकीकरण में हों। जन्म के बाद से ही शिशु की जैविक, सामाजिक तथा व्यक्तिगत आवश्यकताओं की पूर्ति माता-पिता, भाई-बहन तथा अन्य लोग करते हैं। स्वाभाविक है कि प्रोत्साहन अथवा सुखद अनुभव के स्रोत के प्रति व्यक्ति आकर्षित होगा और यही आकर्षण विकास क्रम में पारस्परिकता का रूप ले लेता हो।

एक प्रश्न यह उपस्थित होता है कि लोग समान व्यक्तियों के प्रति आकृष्ट क्यों होते हैं? अनेक मनोवैज्ञानिकों के मतानुसार समानता सुखदायी होती है, क्योंकि इससे संसार के प्रति व्यक्ति की धारणाओं की पुष्टि होती है।

***"अंतर्वैयक्तिक आकर्षण व्यक्ति की जैविक, मनोवैज्ञानिक एवं सामाजिक आवश्यकता है।"***

## आकर्षण के लिए आवश्यक तत्व
(Required Components)

**1. समानता (Similarity):** अरस्तू के समय से यह माना जा रहा है कि दो व्यक्तियों में परस्पर आकर्षण होने का प्रमुख आधार दोनों मित्रों, मंगेतरों तथा दम्पतियों में पर्याप्त समानता पाई जाती है। जबकि यह नहीं कहा जा सकता है कि समानता के कारण दोनों एक-दूसरे के प्रति आकर्षित हुए अथवा इसके विपरीत परस्पर आकर्षित होने के बाद उनमें समानता विकसित हो गई। यह समानता अनेक प्रकार की जैसे अभिवृत्ति (विचारों) में समानता और व्यवहारगत समानता हो सकती है।

**2. अभिवृत्ति समानता (Attitudinal Similarity):** जब दो व्यक्ति पहली बार एक दूसरे से मिलते हैं, तो जाने या अनजाने एक-दूसरे की रुचियों, अभिवृत्तियों, विश्वासों एवं पसंद-नापसंद के बारे में जानकारी प्राप्त करते हैं। उनमें मित्रता का उद्भव इस पर निर्भर करता है कि दोनों की अभिवृत्तियों और रुचियों में कितनी समानता है।

**3. व्यक्तित्व की समानता (Personality Similarity):** व्यक्ति की विशेषताओं से सम्बन्धित एक महत्वपूर्ण तथ्य यह है कि कुछ व्यक्तित्व

गुण सभी लोगों के लिए आकर्षक होते हैं। उदाहरण के लिए प्रभावशाली व्यक्ति की ओर समान व्यक्तित्व के साथ-साथ सरल और सामान्य व्यक्ति भी आकर्षित होते हैं।

**4. योग्यता (Ability):** यह सामान्य रूप से विदित है कि सभी समाजों में उच्चस्तरीय बुद्धि, योग्यता, कुशलता, प्रवीणता एवं ज्ञान व्यक्तित्व के मूलवान गुण माने जाते हैं। ऐसे गुणों वाले लोगों का समाज में आदर होता है। मनोवैज्ञानिक **सीयर्न्स** (1988) के अनुसार सामाजिक रीति से कुशल, प्रवीण एवं बुद्धिमान लोगों को पसंद किया जाता है। किन्तु कौन व्यक्ति किस प्रकार की योग्यताओं और कुशलता वाले व्यक्ति की ओर आकर्षित होता है, यह अनेक बातों पर निर्भर करता है। युवावस्था में प्रवीण और कुशल व्यक्तियों का लोग आदर करते हैं, उनका अनुसरण और अनुकरण भी करते हैं, किन्तु उनकी ओर आकर्षित नहीं होते हैं। **बेल्स** (1958) का मत है कि किसी संगठन में समूह के लक्ष्यों की प्राप्ति कराने वाले प्रवीण और कुशल नेता को सदस्य पसंद नहीं करते हैं। उनकी प्रशंसा भी अनिच्छापूर्वक की जाती है। इसकी व्याख्या करते हुए बताया गया है कि ऐसे लोगों के साथ अपनी सामाजिक तुलना करने पर सदस्यों के आत्म सम्मान को आघात पहुँचता है।

सामान्यतः लोग योग्य और कुशल व्यक्तियों की ओर अपनी आवश्यकतानुसार आकर्षित होते हैं। लोग उन मित्रों की ओर आकर्षित होते हैं, जो बातचीत करने में मनोरंजक होते हैं। विद्यार्थी उन प्राध्यापकों की ओर आकर्षित होते हैं, जो रुचिकर भाषण देते हैं। वैसे योग्यता और कुशलता सर्वदा आकर्षक नहीं होते हैं।

## आकर्षक व्यक्तित्व में आवश्यक विशेषताएँ
(Essential Traits)

| | |
|---|---|
| 1. अनुशासन | (Discipline) |
| 2. धैर्य | (Patience) |
| 3. लगन | (Sincerity) |
| 4. कर्मठता | (Workmanship) |
| 5. हुनर | (Skills) |
| 6. दक्षता | (Competence) |
| 7. इच्छा शक्ति | (Willpower) |
| 8. स्थिरता | (Stability, Consistency) |
| 9. वफादारी | (Faithfulness/Loyalty) |

## चर्चा में अहिसंक विचार एवं शब्दों का प्रयोग करें
(Non-Violent Words)

दैनिक जीवन में हमारा कई व्यक्तियों से सामना होता है, जो विद्वान हैं लेकिन अपने विचारों में एवं चर्चा में प्रयुक्त शब्दों में इतने हिसंक एवं आक्रामक होते हैं कि अपने इसी आचरण के कारण वे अपने मित्रों और समाज में समायोजन नहीं कर पाते है।

## सहयोग और प्रतिस्पर्धा व्यक्तित्व विकास में आवश्यक (Cooperation)

सामाजिक अंतःक्रिया लोग अपनी आवश्यकताओं और उद्देश्यों की पूर्ति के लिए करते हैं। वे अपने उद्देश्य की पूर्ति के लिए दूसरे को प्रभावित करने का प्रयत्न करते हैं। व्यक्ति सामाजिक अंतःक्रियाओं के लिए दो रणनीतियों में से किसी एक रणनीति का उपयोग करता है। पहली रणनीति है सहयोग (Cooperation)। सहयोग में व्यक्ति किसी वांछित या मूल्याकंन लक्ष्य की प्राप्ति के लिए मिल-जुलकर प्रयत्न करते हैं जबकि दूसरी रणनीति है प्रतिस्पर्धा। इसमें व्यक्ति किसी मूल्यवान लक्ष्य को प्राप्त करने का प्रयत्न करते हैं कि दूसरे व्यक्ति उस लक्ष्य को प्राप्त न कर सकें।

दैनिक जीवन में इन दोनों रणनीतियों के अलग-अलग या एक साथ उपयोग किये जाने के उदाहरण देखने को मिलते हैं। जैसे-हॉकी, क्रिकेट, बास्केट बॉल में एक टीम के सभी खिलाड़ी परस्पर सहकारिता या समूह की भावना (Team Spirit) से खेलते हैं। जबकि एक टीम के सदस्य, दूसरी टीम के सदस्यों के साथ प्रतिस्पर्धात्मक व्यवहार करते हैं। वास्तविक जीवन में अंतःक्रियाओं में सहयोग और प्रतिस्पर्धा का समिश्रण दिखाई देता हैं। प्रसिद्ध मनोवैज्ञानिक **कैबेन एवं रुबिन (1983)** ने एक उदाहरण में बताया कि कारदौड़ में भाग लेने के प्रतियोगी चालक कार दौड़ाते समय शुद्ध प्रतिस्पर्धा का प्रदर्शन करते हैं, किन्तु परिस्थिति के अनुसार विरोधी की कार को मोड़ पर मुड़ जाने देते हैं ताकि कारों को दुर्घटना से बचाया जा सके। ऐसा करने में उनके जीवित बचे रहने का एक समान लक्ष्य होता है।

मनोवैज्ञानिक सहयोग एवं प्रतिस्पर्धा के विभेदनात्मक प्रभावों का अध्ययन करने पर इस निष्कर्ष को स्वीकारते हैं कि सहयोग का प्रभाव, प्रतिस्पर्धा से अधिक श्रेष्ठ है। प्रतिस्पर्धात्मक अंतःक्रिया से अनेक हानिकारक प्रभाव उत्पन्न होते हैं। जो निम्नानुसार हैं —

1. प्रतिस्पर्धा समूहों के सदस्यों के बीच प्रतिद्वन्द्विता विकसित करती है।

2. समूह के सदस्यों में संचार अविश्वनीय तथा क्षीण हो जाता है।

3. समूह के सदस्य एक दूसरे के प्रति पूर्वाग्रहित होकर एक दूसरे में धूर्त, झूठा, स्वार्थी होने के अवगुण दिखाने लगते हैं।

4. प्रतिस्पर्धा में सदस्यों के बीच अवांछनीय व्यवहारों का आदान-प्रदान होने लगता है।

5. प्रतिस्पर्धा में व्यक्तियों का निष्पादन तो कम नहीं होता लेकिन कार्य की गुणवत्ता में कमी आ जाती है। अतः आपकी यह कोशिश रहे कि अस्वस्थ और गला काट प्रतिस्पर्धा विकसित न हो।

## व्यक्तित्व के दुश्मन
(Enemies of Personality)

| | |
|---|---|
| 1. असफलता | (Failure) |
| 2. हानियाँ | (Losses) |
| 3. व्यक्तिगत सीमाएँ | (Personal limitations) |
| 4. अपराध बोध | (Guilty) |
| 5. हीनभावना | (Inferiority complex) |

6. लालची होना (To be greedy)

7. भावुक (Touchy)

8. स्वार्थीपन (Selfishness)

9. भाग्यवादी (Fatalistic)

10. घटिया व्यवहार (Vulgarity)

11. भ्रमित (Confusion)

12. आक्रामकता (Arrogance)

❑❑❑

5

# सफलता के रहस्य
# Secrets of Success

## सफलता जीवन के किसी भी पड़ाव पर संभव
(Success is Possible)

प्रसिद्ध मनोवैज्ञानिक अल्फ्रेड एडलर ने सैकडों लोगों के नाम इकट्ठे किये, जिनमें अनेक विश्वविद्यालयों के लौह पुरुष थे, जो अपनी जवानी में बहुत कमजोर थे। कई महान लेखक अपने विद्यालयीन या महाविद्यालयीन काल में साहित्य विषय में असफल रहे। उन्हें नौकरी या पत्रकारिता में कई मुश्किलों का सामना करना पड़ा। लेकिन जैसे ही उनका लेखन प्रकाशित हुआ, उनकी बौद्धिक क्षमता को प्रसिद्धि प्राप्त हुई।

## लक्ष्य के प्रति लगन
(Consistency)

यदि किसी कार्य में आपकी रुचि नहीं है, लेकिन उसको करना अनिवार्य है, तो उस कार्य को आफत समझने की बजाय उसमें रुचि

जाग्रत कीजिए। अर्थात बिना लगन और रुचि के लक्ष्य प्राप्ति संभव नहीं होती है।

अमेरिका के प्रसिद्ध राष्ट्रपति अब्राहम लिंकन जीवन के प्रारम्भिक 40 वर्षों तक असफल व्यक्ति माने जाते थे। अपनी बाद की सफलता के सम्बन्ध में बताते हैं- "मेरे पिताजी ने मुझे काम करना सिखाया लेकिन यह नहीं सिखाया कि अपने काम से प्रेम कैसे किया जाता है। अचानक ही, जब मैंने अपने कार्य से प्रेम करना शुरू किया, तो सफलता मुझे अपने आप मिलने लगी।' राबर्ट फ्रास्ट की निम्नलिखित पंक्तियाँ हमेशा याद रखें :"

***गहन, सघन, मनमोहक वन तरु,***
***मुझको आज बुलाते हैं;***
***किन्तु किये जो वादे मैंने***
***याद मुझे आ जाते हैं;***
***अभी कहाँ आराम बदा,***
***यह मूक निमंत्रण छलना है,***
***अरे अभी तो मीलों मुझको,***
***मीलों मुझको चलना है।***

**राबर्ट फ्रास्ट**

***"The woods are lovely, dark and deep***
***But I have promises to keep***
***And miles to go, before I sleep***
***And miles to go, before I sleep."***

**Robert Frost**

लक्ष्य प्राप्ति के बीच में अवरोध आएँगे, जिनमें हमारी शारीरिक सीमाएँ एवं मानसिक अवरोध (Mental Blocks) आते हैं। जो कार्य के प्रति लगन और रुचि से ही दूर किये जा सकते हैं।

## दृढ़ इच्छाशक्ति
(Will power)

***"मनुष्य में शक्ति की नहीं संकल्प की कमी होती है।"***

विक्टर ह्यूगा

आज हमें जितने भी चमत्कार और आविष्कार दिखाई देते हैं, वे सब उन व्यक्तियों की दृढ़ इच्छाशक्ति की देन हैं, जिससे वे महान बने। अपनी इच्छाशक्ति को विकसित करना मनुष्य के अपने ही संकल्प के अधीन है। अपनी समस्त अभिलाषाओं की पूर्ति हेतु प्रकृति ने उसे जो शक्ति दी है, उसे ही हम इच्छाशक्ति के नाम से जानते हैं।

जब अमेरिका गृहयुद्ध की लपेट में झुलस रहा था, तब अब्राहम लिंकन की दृढ़ इच्छाशक्ति ने उसे गृहयुद्ध से बाहर निकाला। वरना आज अमेरिका की क्या हालत होती, कहा नहीं जा सकता। गाँधीजी की सशक्त इच्छाशक्ति के चमत्कार ने एक शक्तिशाली साम्राज्य को खदेड़कर हमें आजाद करवाया।

***"मुझे रास्ता जरूर मिलेगा। यदि नहीं मिला तो मैं नया रास्ताबनाऊँगा।"***

फिलिप सिडनी

## आत्मविश्वास का उफान
(Self-confidence)

***द्वार बलि का खोल, चल भू डोल कर दें,***
***एक हिमगिरि एक सिर के मोल कर दें।***
***मसलकर, अपने इरादों सी उठाकर***
***दो हथेली हैं कि पृथ्वी गोल कर दे।।***

माखनलाल चतुर्वेदी

दुनिया में कौन-सा ऐसा कार्य है, जिसे मनुष्य नहीं कर सकता? जरा गिनीज बुक ऑफ वर्ल्ड रिकार्ड उठाकर देख लीजिए। आवश्यकता आत्मविश्वास की है। आपको विश्वास होना चाहिए कि आप उस कार्य को कर सकते हैं। आप में ऊर्जा और शक्ति की कोई कमी नहीं है।

नेपोलियन का कथन "One more minute to win" अर्थात् उसकी सेनाएँ जीत हासिल कर लेतीं यदि वे एक मिनट तक युद्ध और जारी रखतीं। शत्रु की सेना के पैर उखड़ने वाले ही थे कि उसकी सेना ने जीतने का आत्मविश्वास खो दिया और पराजय का मुँह देखना पड़ा। हो सकता है आप भी शीघ्र लक्ष्य प्राप्त करने ही वाले हों। कहीं आप मार्ग न बदल दें।

## निरंतर अभ्यास और अथक प्रयास
(Sustained Efforts)

***करत करत अभ्यास के, जड़मति होत सुजान।***
***रसरी आवत जात ते, सिल पर परत निसान।।***

विश्व के श्रेष्ठतम वक्ताओं में आपने अमेरिका के प्रसिद्ध राष्ट्रपति फ्रेंकलिन रूजवेल्ट का नाम सुना होगा। वे अपने जीवन के प्रारंभिक दिनों में अत्यंत शर्मीले एवं बोलने में हकलाते थे। लेकिन उनके निरंतर अभ्यास, अथक प्रयास और इच्छाशक्ति ने उन्हें श्रेष्ठ वक्ता बना दिया।

इतिहास गवाह है कि ओलम्पिक खेलों में मैराथन दौड़ जीतने वाले कई व्यक्ति अपने जीवन के आरंभिक समय में फेफड़ों की बीमारी से पीड़ित थे। निरंतर अभ्यास, दृढ़ इच्छाशक्ति और आत्मविश्वास के कारण, वे ओलम्पिक खेलों में विजयी योद्धा बने। गरीब परिवार में जन्मी विल्मा रूडोल्फ बचपन में पोलियो की शिकार बनीं। निरंतर अभ्यास और अथक

प्रयास से वे लकवाग्रस्त होते हुए भी 1960 के ओलम्पिक में दुनिया की सबसे तेज महिला धावक बनीं। आप जीवन के किसी भी क्षेत्र से उदाहरण लेकर देखिए। भारतीय फिल्म 'नाचे मयूरी' की नायिका सुधाचंद्रन जिन्होंने विकलांग होते हुए भी नृत्य में महारथ हासिल की है।

## अच्छा अवलोकनकर्ता होना
(Good Observer)

सफलता के लिए प्रतिदिन की घटनाओं का सूक्ष्म अवलोकन आवश्यक है। व्यक्ति के हर व्यवहार और घटना के पीछे विज्ञान का सार्वभौमिक सिद्धांत **कारण-प्रभाव** (Cause and Effect) कार्य करता है। बिना कारण के कोई व्यवहार और घटना होना संभव नहीं है। अच्छा अवलोकनकर्ता हर व्यवहार और घटना के अवलोकन के समय वैज्ञानिक सोच के **6 आधार-क** कब, क्या, कैसे, कौन, कहाँ और क्यों का जबाव चाहता है।एक अच्छे अवलोकनकर्ता का उदाहरण हम विख्यात वैज्ञानिक आइजेक न्यूटन के साथ देख सकते हैं। कौन नहीं देखता है कि पेड़ से टूटने के बाद फल नीचे, जमीन पर गिरता है। लेकिन जब न्यूटन ने पेड़ के नीचे बैठे समय, पेड़ से फल गिरते देखा तो सोचने लगे कि यह फल जमीन पर गिरने की बजाय आकाश में क्यों नहीं गया? इसी घटना के बाद उन्होंने पृथ्वी के गुरुत्वाकर्षण बल की खोज की। इसी प्रकार थॉमस वाट ने चाय की केटली में भाप की ताकत से उसके ढक्कन का तेज आवाज से खुलने की घटना के अवलोकन से भाप के इंजन की खोज की।

यदि आपके मन में सफलता पाने की अभिलाषा है तब मस्तिष्क भी ऐसे रसायनों का निर्माण और स्राव करता है, जो आपके शरीर को आवश्यक ऊर्जा प्रदान करते हैं। आपको सफलता प्राप्त करने से कोई भी नहीं रोक सकता। आप जब पीछे मुड़कर देखेंगे, तब आपको भी अपनी

सफलता पर आश्चर्य होगा कि यह सब आपने कैसे संभव कर दिखलाया है?

जब भी आपके मन में असफलता आये, तब आप यह मंत्र मन में बड़ी दृढ़ता से 5 से 10 बार दोहराएँ "**आप कर सकते हैं और आपको जीतना है।**" कई लोगों ने विषम परिस्थितियों में विजय हासिल की है। जब 12 वर्ष की बालिका सुनामी लहरों से 4 चार दिन लड़कर, उन्हें परास्त कर सकती है, तब आप क्यों नहीं जीत सकते।

***"जिसे पराजित होने का डर है, उसकी हार निश्चित है।।"***

**नेपोलियन**

***"If you think you'll lose, you've lost,***
***For out in the world we find***
***Success begins with a person's will***
***It's all in the state of mind."***

## हीनभावना पर विजय प्राप्त कीजिए
(Overcome Inferiority Complex)

"मैं सोचता हूँ कि हमने अपने भीतर एक हीनभावना की ग्रंथि पाल रखी है। मेरा मानना है कि भारत को आज इस पराजित भाव को नष्ट करने की जरूरत है। हमें विजय-भाव रखने की आवश्यकता है, जो हमें दुनिया में सही स्थान दिलाएगा। हमें उस भाव की जरूरत है, जो हमें यह एहसास दिलाए कि हम एक महान सभ्यता के वंशज हैं। यदि ऐसी अदम्य इच्छाशक्ति हमारे अंदर पैदा हो जाएगी, तो कोई भी हमें अपने उचित स्थान को पाने से नहीं रोक सकता है।"

**डॉ. ए.पी.जे. अब्दुल कलाम (भारत के पूर्व राष्ट्रपति)**

## अपने कार्य एवं पेशे से प्यार करें
(Your Profession)

*''यदि किसी व्यक्ति को बर्वाद करना है, तो इतना आवश्यक है कि उसे अहसास हो कि उसका कार्य असंभव एवं अनुपयोगी है।''*

***"To destroy a man, it is only necessary to make his work seem inept and useless."***

अपने कार्य और पेशे से प्यार करने पर ही सफलता संभव है। दुनिया में कोई भी कार्य छोटा या बड़ा नहीं होता है। यह व्यक्ति का एक नजरिया या सोच है, जिसके कारण व्यक्ति को अपने पेशे में कोई भविष्य नहीं दिखता है। जबकि वह दूसरों के पेशे को सुनहरा मानता है। एक विद्वान् का यह कथन आप हमेशा याद रखें कि ''किसी कार्य या पेशे का कोई भविष्य नहीं होता है। बल्कि सुनहरा भविष्य उस व्यक्ति का होता है, जो उस पेशे को धारण करता है।''

**जी.डब्ल्यू. क्रेन**

***"There is no future in any job;***
***The future lies in the man who holds the job."***

**G. W. Crane**

कोई महान व्यक्ति पेशे के कारण महान नहीं हुए बल्कि उन व्यक्तियों के कारण वह पेशा महत्वपूर्ण हुआ है। आप अपने कार्य से प्यार करना आरंभ कीजिए। दृढ़ इच्छाशक्ति, धैर्य और लगन से लक्ष्य की प्राप्ति में लग जाइए। आपको सफलता निश्चित हासिल होगी।

## अपनी पसंद का कार्य करने की चिंता करें
(Take Care to Get What You Like)

***"आप उसको प्राप्त करने की चिंता करें, जो आपको पसंद हो। अन्यथा आपको मजबूरन वह स्वीकार करना पड़ेगा, जो आपको उस समय उपलब्ध होगा।"***

**जार्ज बर्नार्ड शॉ**

***"Take care to get what you like or you will be forced to like what you get."***

**George Bernard Shaw**

अपने कार्य से प्यार करने के साथ-साथ हमें पूर्व से ही उन अवसरों और लक्ष्यों को प्राप्त करना होगा, जो हमें पहले से ही पसंद हैं।

आज के प्रतिस्पर्द्धी युग में अवसरों की संख्या सीमित है। हमारी कार्ययोजना में लक्ष्य निर्धारण (Goal Setting) सबसे महत्वपूर्ण है। पेशे के निर्धारण में पारिवारिक पृष्ठभूमि, सामाजिक मान्यताएँ एवं धार्मिक आस्थाएँ भी महत्वपूर्ण भूमिका रखती हैं। उदाहरण के लिए समाज के शाकाहारी समुदाय के लिए मछलीपालन या कुक्कुट पालन जैसे पेशे करना उनकी पृष्ठभूमि से भिन्नता रखते हैं। सेना एवं पुलिस जैसे पेशे वाले समुदाय के व्यक्ति लड़ाका कौम के अधिक अनुकूल रहते हैं। इसलिए अपनी रुचियों, अभिक्षमताओं, अभिप्रेरणाओं एवं पारिवारिक पृष्ठभूमि के अनुसार पेशे का निर्धारण कर उसकी प्राप्ति में सारी ताकत लगा देना चाहिए।

## दूसरों को भी जीतने का मौका दें
(Give Opportunities)

हो सकता है कि आप वाकपुटता और तर्कशक्ति के कारण हमेशा दूसरों पर भारी पड़ते हों। इस क्षमता के कारण वार्तालाप में आप हमेशा जीत हासिल करते हों। लेकिन वार्तालाप में जीत हासिल करना दिल जीतना नहीं होता। दिल जीतने के लिए दूसरों की महत्ता को भी स्वीकारना होता है। दो व्यक्तियों में अंतःक्रिया के दौरान जीत-हार की चार स्थितियां हो सकती हैं :

1. आपकी जीत, उसकी हार **(You win, he loses)**
2. आपकी हार, उसकी जीत **(You lose, he wins)**
3. आपकी हार, उसकी हार **(You lose, he loses)**
4. आपकी जीत, उसकी जीत **(You win, he wins)**

निश्चय ही वार्तालाप की चौथी स्थिति ''**आपकी जीत, उसकी जीत**'' सर्वश्रेष्ठ है। लेकिन कभी-कभी दूसरों का दिल जीतने के लिए दूसरी स्थिति **'आपकी हार, उसकी जीत'** भी निर्मित करने का प्रयास करना चाहिए। छोटे-मोटे वाद-विवादों में हमें मित्रों, ग्राहकों और पत्नी को जीतने का मौका देना चाहिए। हो सकता है वाद-विवाद में आपका पक्ष बिल्कुल सही हो परंतु मनोवैज्ञानिक सिद्धांत के अनुसार जहाँ तक दूसरों की सोच को बदलने का सम्बन्ध है तो आपके तर्कों से उसमें 'परिवर्तन के लिए प्रतिरोध' उत्पन्न हो जाएगा। आपके सारे प्रयत्न असफल साबित हो जाएँगे। किसी विद्वान् ने कहा है कि 'तर्क' वितर्कों को जन्म देते हैं, (Arguments bring Counter Arguments). अतः तर्क-वितर्क की स्थिति से हमेशा बचने का प्रयास करें। वार्तालाप में दूसरे की जीत में भी आपकी जीत है। जबकि आपकी जीत में उसकी हार के कारण, आपकी

जीत का परिणाम शून्य कर सकती है। उसकी हार से आपको कुछ भी हासिल नहीं होगा, बल्कि हमेशा ऐसा करके आप अपने शत्रुओं की संख्या में वृद्धि कर रहे हैं।

## दूसरों को आत्मसम्मान बचाने का मौका दें
(Saving Face)

मान लीजिए आप किसी अधीनस्थ को गलती करते सीधे पकड़ लेते हैं। तब आप क्या करेंगे? उसको जलील करेंगे या उसे समझा कर भविष्य में सुधरने का मौका देंगे? निश्चित ही उसे एक मौका और मिलना चाहिए। इसी प्रकार मान लीजिए बिल्ली आपकी रसोई में घुसकर दूध पी जाती है। एक दिन आप बिल्ली को अपनी चपलता से दरवाजा लगाकर बंद कर लेते हैं और आप उसको मारने की कोशिश करते हैं। तब क्या होगा? निश्चित ही बिल्ली खुद की जान बचाने के लिए आपके चेहरे और आंखों पर झपट्टा मारेगी। तब आपको बिल्ली को धमकाने से पहले उसे भागने का एक **सुरक्षित रास्ता** (Safe Passage) देना पड़ेगा। धमकाने से भयभीत होकर वह रास्ते से निकलकर भाग जाएगी और आप चोटग्रस्त होने से बच जाएँगें।

## जीवन एक जंग है, उसे लड़ना है
(Life is a War)

चार्ल्स डार्विन ने उद्‌विकास के सिद्धांत (Theory of Evolution) में स्पष्ट किया है कि मानव ने प्रकृति से जूझकर अन्य प्राणियों से श्रेष्ठता हासिल की है। श्रेष्ठता बनाए रखने के लिए यह जंग जारी है और निरंतर चलती रहेगी। डार्विन के अनुसार प्रकृति की चुनौतियों में निम्नलिखित सिद्धांत जीवन के अस्तित्व को तय करते हैं

**1. प्राकृतिक चयन (Natural Selection):** कौन प्राणी इस दुनिया में जन्म लेगा? करोड़ों शुक्राणु में से अण्डाणु से संपर्क का मौका एक शुक्राणु को मिलता है। बाकी सब नष्ट हो जाते हैं। इसी तरह ताप, रोगाणु आदि भी हमारे जीवन को खतरा उत्पन्न करते हैं।

**2. अस्तित्व की लड़ाई (Struggle for Existence):** प्राणी को अपने जीवन को बचाए रखने के लिए सीमित साधनों के कारण उत्पन्न प्रतिस्पर्धा से जूझना पड़ता है। इस जंग को जीतने के लिए उसे शारीरिक और मानसिक रूप से स्वस्थ होना पड़ता है।

**3. उत्तरजीवता का सिद्धांत (Survival of the Fittest):** जीवन की इस जंग में आपको सर्वश्रेष्ठ शारीरिक और मानसिक क्षमताओं को प्राप्त करना होगा। संकट के आने की स्थिति में वे शक्तियाँ आपके पास हों, जरा निम्नलिखित कथन पर ध्यान दें जो लिखा तो युद्ध के संदर्भ में गया है। लेकिन जीवन की जंग में भी लागू होता है।***"युद्ध शान्तिकाल में लड़े जाते हैं।"*** **"The war is fought in peace."**

तात्पर्य है कि आपने सामान्य जीवन में शारीरिक व्यायाम कर जो शक्ति अर्जित की है, ज्ञान, विज्ञान और तर्कशीलता के रूप में मानसिक दक्षता हासिल की है, उदाहरण के लिए किसी रात एक व्यक्ति एकान्त स्थान पर चाकू की नोक पर आपको नुकसान पहुँचाने की कोशिश करता है, तब आप अपने कुशाग्रचिंतन और प्रशिक्षण से प्राप्त आत्मसुरक्षा (Unarmed Combat) कर ऐसे संकट से निपट सकते हैं। आत्मसुरक्षा का प्रशिक्षण आपने शान्तिकाल में लिया था, उसका उपयोग युद्धकाल में आया।

***"यदि आप शान्ति चाहते हैं, तो आपकी तैयारी युद्ध की होनी चाहिए।"***

***"If you want peace, you must prepare for war."***

जीवन में सफलता के लिए आपको युद्ध जैसी तैयारी करनी चाहिए। तात्पर्य यह कि बीमारियों, प्राकृतिक आपदाओं, दुर्घटनाओं और विपत्तियों से जंग की तैयारी सतत् और सामान्य स्थितिओं में निरंतर चलती रहनी चाहिए।

जीवन की जंग में आपका शारीरिक और मानसिक स्वास्थ्य, ज्ञान, वैज्ञानिक सोच और प्रशिक्षण आपके अस्त्र-शस्त्र के रूप में कार्य करेंगे।

## महान लक्ष्य के लिए छोटे-छोटे त्याग
(High Goal, Small Sacrifices)

***"एक महायुद्ध को जीतने के लिए हमें***
***कई छोटे-छोटे युद्ध हारने होते हैं।"***

***"We will have to lose many battles to win a war."***

जीवन का एक महान उद्देश्य होना चाहिए जिससे जीवन में सार्थकता (Significance of Life) बनी रहती है। कई महान व्यक्तियों जैसे महात्मा गांधी, अब्राहम लिकंन और मार्टिन लूथर किंग ने अपने-अपने महान लक्ष्यों के लिए जीवन में महत्वपूर्ण त्याग किये हैं। नेल्सन मण्डेला ने दक्षिणी अफ्रीका की आजादी के लिए अपने जीवन के 27 वर्षों को जेल में बिताया। इस कठिन त्याग के बाद ही दक्षिण अफ्रीका को आजादी प्राप्त हुई और नेल्सन मण्डेला वहाँ के राष्ट्रपति बने।

एक विद्यार्थी को परीक्षा में सफलता प्राप्त करने के लिए दिन और रात मेहनत करनी होती है। उसका यौवन निद्रा में सुनहरे स्वप्न देखना चाहता है, टेलीविजन पर बेहद मनोरंजक कार्यक्रम और क्रिकेट मैच देखना चाहता है, लेकिन लक्ष्यप्राप्ति के लिए वह इन सबका त्याग करता है।

सफलता सभी चाहते हैं लेकिन सफलता की कीमत कोई चुकाने के लिए तैयार नहीं। फिर सफलता मिलेगी कैसे? हमें सफलता के लिए लड़ना चाहिए, न कि असफलता से बचने के लिए।

## वैज्ञानिक सोच की खोज
(Scientific Thinking)

भारत एक धार्मिक आस्थाओं का देश है। ये आस्थाएँ और विचार हमारी श्रेष्ठ संस्कृति के रूप में प्रदर्शित होती हैं। आस्थाएँ विश्वास पर आधारित होती हैं। आधुनिक युग में वैज्ञानिक सोच महत्वपूर्ण एवं आवश्यक हो गयी है। विज्ञान तर्क और सार्वभौमिक नियमों पर आधारित होता है।

क्या धर्म और विज्ञान एक-दूसरे के विरोधी होते हैं? नहीं, वास्तव में वे एक-दूसरे के पूरक हो सकते हैं। धर्म समाज का 'हृदय' है, तो विज्ञान उसका 'मस्तिष्क'। वैज्ञानिक सोच हमें भौतिक उपलब्धियाँ और सफलता प्रदान करेगी तो धार्मिक सोच हमें जीवन की गुणवत्ता प्रदान करेगी और भौतिक उपलब्धियों व सफलताओं के दुरुपयोग से, हमें रोकेगी।

वैज्ञानिक सोच, **कारण-प्रभाव** (Cause and Effect) सिद्धांत पर आधारित होता है। दुनिया में घटित हो रही किसी भी घटना के पीछे कोई कारण है। अब अंधविश्वास, जादू टोना और आश्चर्यों का कोई स्थान नहीं रह जाता है। बिल्ली का रास्ता काटना, ज्योतिषियों की भविष्यवाणी और नक्षत्रों की खराब दिशा, इस वैज्ञानिक सोच में कोई माने नहीं रखती है। भूत-प्रेत या आत्माओं के अस्तित्व पर बहस में पड़ने की कोई आवश्यकता नहीं है। इस पर शोध चल रहे हैं। आप तो तय कर लें कि सफलता के लिए कठिन परिश्रम और वैज्ञानिक सोच आवश्यक है।

***"हर घटना का कोई कारण होता है।"***

## प्राथमिकताएँ तय करें
(Fix Priorities)

***"Do important jobs NOW before they become URGENT"***

आज के आधुनिक युग में हमें मशीन की तरह काम करना पड़ता है। कार्यों की अधिकता एवं भागम-भाग जिदंगी से हमारी प्राथमिकताएँ अस्त व्यस्त हो जाती हैं। समय पर कार्य संपन्न न होने से चिंता, तनाव, और हताशा(Anxiety, Stress and Frustration) उत्पन्न होती है, जो हमारे शारीरिक और मानसिक स्वास्थ्य पर खराब असर डालती है। इनके प्रभाव से बचने के लिए आपको व्यवस्थित होना ही पड़ेगा।

कार्यों को प्राथमिकता, समय और उपयोगिता के आधार पर विभाजित कर उन्हें पूर्ण किया जाना चाहिए। इसके लिए प्रतिदिन के कार्यों की सूची बनाकर हमेशा जेब में रखनी चाहिए। जैसे-जैसे कार्य संपन्न होते जायें, सूची में से उन्हें काटते जायें। शाम को उस सूची में बचे कार्यों को अगले दिन की नई सूची में सबसे पहले लिख लें। आप देखेंगे कि यह प्रक्रिया प्रतिदिन करने से आपको कार्य संपादन और सूचीबद्ध करने में संतुष्टि मिलेगी।

## असंभव को संभव बनाएँ
(Impossible is Possible)

अथक प्रयास और लगन से बड़े से बड़े और असंभव लगने वाले लक्ष्य को प्राप्त करना, संभव बनाया जा सकता है। इस्पात निर्माण जैसे कठिन कार्य को भी मंदी की मार से जूझते हुए भारतीय मूल के ब्रितानी उद्योगपति दुनिया के सर्वाधिक अमीरों की सूची में वर्ष 2005 में तीसरे स्थान पर

आ गये। लक्ष्मी मित्तल वर्तमान में दुनिया के सबसे बड़े इस्पात उत्पादक समूह के मालिक हैं और हाल ही में उन्होंने अमेरिका की एक बड़ी इस्पात कम्पनी का अधिग्रहण किया है। उनके इस्पात के कारखाने पूरे यूरोप और दक्षिणी अफ्रीका में है। अमेरिकी पत्रिका फोर्ब्स द्वारा जारी वर्ष 2004 की सूची में लक्ष्मी मित्तल का नाम दुनिया के पचास अमीरों में भी नहीं था।

***"फूँक से मोमबत्तियाँ बुझती है, ज्वालामुखी नहीं।"***

## सुपर मानव बनने का प्रयास न करें
(Don't be Superhuman)

***"Great men never feel great, small men never feel small."***

ज्ञान और सफलता से व्यक्ति में सुपर मानव का भ्रम उत्पन्न होने लगता है। उसमें अहंकार और श्रेष्ठता की भावना से वह दूसरे व्यक्तियों को हीन और अकर्मण्य समझने लगता है। उसके व्यवहार में मै, मैं, मैं - का भाव आने लगता है। वह यह भूल जाता है कि वह भी साधारण मानव है। भूख, प्यास, उम्र का प्रभाव और रोग भी उसे ठीक उसी ढंग से प्रभावित करते हैं, जैसे कि अन्य व्यक्तियों को। इस सुपर मानव के भ्रम से बचना होगा। आप बड़े प्रशासनिक अधिकारी हैं, तो डिक्टेटर बनकर ही आप सफल प्रयास कर पाएँगे, ऐसा आवश्यक नहीं है। विनम्र रहते हुए भी आप उतने ही सख्त अधिकारी हो सकते हैं। मानवीय संवेदनाएँ होना आवश्यक है। विनम्र रहते हुए भी आप अपने अधीनस्थों से मानवीय सम्बन्ध स्थापित कर सकते हैं। ऐसा न हो कि अधिक ज्ञानप्राप्ति से आप अपने को अहंकारी और सुपर मानव समझने लगें। टेनिसन के निम्नलिखित कथन सभ्यता के दुष्परिणामों के लिए सत्य प्रतीत होने लगे कि :

***"ज्ञान आता है, बुद्धिमत्ता बाधित होती है।"***

**टेनिसन**

***"Knowledge comes but wisdom lingers."***

**Tennyson**

व्यक्ति में अधिक ज्ञान और सफलता की प्राप्ति से वह बुद्धिमत्ता का उपयोग कम कर देता है और अहंकारी होकर मानव को मानव न समझ, उनके साथ कीड़े-मकोड़ों सा व्यवहार करने लगता है। इसलिए आवश्यक है कि ज्ञान के साथ बुद्धिमत्ता इन दोनों का उपयोग होना चाहिए।

## विनम्रता के बदले विनम्रता मिलती है

(Courtesy)

विनम्रता और शिष्ट व्यवहार ऐसे **ब्रह्मास्त्र** हैं, जिनसे किसी भी व्यक्ति के दिल को जीता जा सकता है। मुझे आश्चर्य होता है कि लोग विनम्र और शिष्ट व्यवहार क्यों नहीं करते? घटिया मजाक और निम्न दर्जे का व्यवहार परदुखकातर (Sadist Personality) का उदाहरण है। ऐसे व्यक्तियों को दूसरों को कष्ट पहुँचाने में आनंद की अनुभूति होती है। ये व्यक्ति मनोवैज्ञानिक रूप से असामान्य (Abnormal) होते हैं। विनम्र और शिष्ट रहते हुए भी आप एक सख्त और अनुशासनप्रिय अधिकारी हो सकते हैं। विद्वान ऐरिक हाफर के कथन के अनुसार —

***"कठोरता, एक कमजोर इंसान की झूठी ताकत है।"***

स्नेह और प्रेम के धागे महीन और नाजुक होते हैं। अशिष्टता और छलावा का प्रयास इन धागों को छिन्न भिन्न कर सकते हैं। विनम्रता सदैव सम्बन्धों को स्थायित्व प्रदान करती है। हमें विनम्रता की आदत बनानी होगी। मित्रता और सम्बन्धों को निरंतर पोषित करना होता है।

सम्बन्धों के रख रखाव में जरा सी लापरवाही सम्बन्धों की सहजता को बाधित कर देगी। रहीम की निम्नलिखित पंक्तियाँ हमेशा स्मरण रखें।

*"रहिमन धागा प्रेम का, मत तोड़ो चटकाय।*
*टूटे से फिर न जुड़े, जुड़े तो गांठ पड़ जाय।।"*

**रहीम**

## सपने हैं, तो जीवन है
(Dreams are Life)

*"जो रहे हैं, सदा उड़ानों में।*
*वो ही पहुंचे हैं, आसमानों में।।"*

**डॉ. गजाधर सागर**

सपने बहुत प्रेरक होते हैं। सपनों से आप स्वतः प्रेरित हो सकते हैं और होते भी हैं। "बड़ी-बड़ी उपलब्धियाँ दो बार रची जाती हैं। पहली बार सपने में और दूसरी बार हकीकत में।"

हमेशा युवा और ऊर्जावान बने रहने के लिए जरूरी है कि आप सपने देखते रहें, क्योंकि जब आप सपने देखेंगे, तभी उन्हें हकीकत में भी बदल पाएँगे। जैसे-जैसे हम बड़े होते जाते हैं, हमें लगता है कि हमारे बहुत से सपने पूरे नहीं हो सके, लेकिन ऐसा सोचकर कभी निराश नहीं होना चाहिए, बल्कि अपने अनुभव का इस्तेमाल कर सपनों को नया मोड़, नया रूप व आकार देना चाहिए। सपने देखना कभी बंद नहीं करना चाहिए।

कोई भी बड़ी उपलब्धि, चाहे वह व्यक्तिगत हो या सामूहिक, बिना किसी बड़े सपने के हासिल नहीं हो सकती। सपने हमारी इस बात के लिए मदद करते हैं कि हम किसी भी चीज को उसके होने से पहले देख

सकें। सपने हमें लक्ष्य प्राप्ति के लिए जोश और ऊर्जा प्रदान करते हैं। जब सब कुछ आपकी योजना के विपरीत हो रहा होता है, तो ऐसे में लोग या तो निराश होकर प्रयास करना ही छोड़ देते हैं या फिर और ताकतवर होकर सामने आते हैं। किसी काम में लगे कुछ लोग बहुत अच्छे नतीजे हासिल कर पाते हैं, तो इसका कारण उनमें असामान्य योग्यता का होना नहीं है, बल्कि इसका कारण है उनके द्वारा लगातार किया गया प्रयास। दरअसल, सपनों को हकीकत में बदलने के लिए लगातार कोशिश करते रहना चाहिए, तभी हम लक्ष्य को पूरा करने में सक्षम हो सकते हैं। **"सपने वो नहीं हैं जो नींद में देखे जाते हैं बल्कि सपने वो हैं, जो नींद उड़ा देते हैं।"**

## समस्याओं से निपटने का सर्वश्रेष्ठ तरीका, उनको हल करना

(Solve Problems)

"रेगिस्तानी प्राणी शुतुर्मुर्ग (Ostrich) पर जब कोई शिकारी जानवर आक्रमण करता है, तो वह अपनी गर्दन रेत के अंदर छुपा कर यह समझता है कि उसकी जान बच जाएगी जबकि उसका शरीर शिकारी के लिए खुला रहता है।"

क्या समस्या से निपटने का यह सही तरीका है? नहीं! जब जीवन पर खतरा होता है, तब हमारी रणनीति **"लड़ो या भाग जाओ"** (Fight or flight) होनी चाहिए। ऐसी स्थिति में शरीरतंत्र भी सारे रक्त को मांसपेशियों में भेज देता है, जिससे संकट से निपटा जा सके।

प्रसिद्ध मनोवैज्ञानिक सुलीवन ने कहा है कि समस्यात्मक वातावरण को बदल दो या वातावरण के अनुरूप अपने आप को बदलो। यदि दोनों ही संभव न हो तो उससे किनारा कर लो। ***"इतिहास रचने वाले वातावरण को बदलते हैं।"*** समस्याओं का सामना करें। उनसे बचने का बहाना न ढूँढ़े। नौकरी या स्वरोजगार में कठिनाइयों को पूरी ताकत से हल करने का प्रयास करें। टालने से समस्या खत्म नहीं हो जाएगी। कुछ युवा कहते पाये जाते हैं कि आजकल सिफारिश से ही नौकरी मिलती है। हो सकता है, कुछ हद तक ऐसा हो लेकिन सर्वश्रेष्ठ पदों पर आज भी अवसर हैं। ***"जो व्यक्ति समस्याओं से लड़ना जानता है, उसे सफल होने से कोई नहीं रोक सकता।"***

## अपने आलोचकों से बचें नहीं, उन्हें सुनें
(Listen to Critics)

***"निन्दक नियरे राखिए, आँगन कुटी छवाय................ ।"***

अपनी निन्दा करने वाले व्यक्ति से बचने का प्रयास न करें, बल्कि उसे गौर से सुनें, क्योंकि वही ऐसा व्यक्ति है जो आपकी कमियों और त्रुटियों को देख सकता है। परिवार के सदस्यों और मित्रों को तो आपके गुण ही नजर आते हैं। अतः निन्दा करने वाले व्यक्ति को सुनकर आप अपने व्यक्तित्व में विकास कर सकते हैं एवं अपने व्यवहार के नकारात्मक पहलू में सुधार कर सकते हैं।

## नजरिये में परिवर्तन से आपकी कई समस्याएँ हल हो जाएँगी
(Attitudinal Change)

निर्देशन एवं परामर्श के क्षेत्र में मनोवैज्ञानिकों का एक मत है कि दिन-प्रतिदिन की समस्याओं और जीवन की मुश्किलों का सही हल समस्याओं से ग्रस्त व्यक्ति के पास ही संभव है। उस व्यक्ति के पास उन समस्याओं से निपटने की आवश्यक क्षमता भी होती है। दिक्कत सिर्फ उस व्यक्ति के नजरिये में "समस्या के प्रति सोच" है। हमारी सोच से हमारे नजरिये (Attitude) का निर्माण होता है और जैसा नजरिया या भावना होती है, वैसा ही हम देखते और वैसा ही व्यवहार करते हैं।

समस्या के समाधान के लिए हमें सोच को पुनः परिभाषित करना होगा। इसके लिए आपको समस्या का कई बार हर कोण से मूल्यांकन करना होगा। समस्या है, तो उसका समाधान भी होगा ही। समस्या-समाधान के सभी विकल्पों पर विचार करना होगा। सभी उपलब्ध विकल्पों में सर्वश्रेष्ठ विकल्प चुनकर धैर्यपूर्वक एवं अडिग रहकर परिणामों पर नजर रखनी होगी।

कई समस्याओं के हल समय से सम्बन्धित होते हैं। उनके समाधान के लिए निश्चित समयावधि तक इंतजार करना ही होता है। इस सम्बन्ध में एक सुझाव है कि आप प्रतिदिन की समस्याओं को एक डायरी में लिख लीजिए और उनके समाधान का प्रयास कीजिए। हल न की जा सकी समस्याओं पर जब आप 5 से 10 दिन बाद डायरी पर नजर डालेंगे, तब आप पाएँगे कि कई समस्याएँ उस समय आपको चिन्तित कर रही थीं। वास्तव में वे आज कोई समस्याएँ ही नहीं थीं। उस समय शायद आप अलग ढंग से सोच रहे थे। किसी समस्या पर तो आपको अपने

आप पर हँसी आएगी कि आप किसी छोटी-सी समस्या (silly problem) को कितना महत्वपूर्ण समझ रहे थे। वास्तव में वह समस्या ही नहीं थी। अतः याद रहे कि समस्याओं के समाधान के लिए आपको आपने नजरिये और सोच को पुनः परिभाषित करना होगा। तुलसीदास ने इसी को बड़े सरल ढंग से निम्नानुसार वर्णित किया है।

*जाकी रही भावना जैसी।*
*प्रभु मूरत देखी तिन जैसी।।*

## ईर्ष्या और क्रोध : व्यक्तित्व के दो बड़े दुश्मन
(Two Enemies)

1. ईर्ष्या कभी नहीं मरती।
   (Envy never dies)
2. ईर्ष्या कभी किसी का भी भला नहीं करती।
   (Envy never enriched any man)
3. अधिक क्रोध एक प्रकार का पागलपन है
   (Excessive anger is a type of madness)

*"मैं अपने मित्रों से नाराज था,*
*मैंने उन्हें अपनी नाराजगी व्यक्त कर दी*
*मेरा गुस्सा शान्त हो गया*
*मैं अपने दुश्मनों से नाराज था*
*मैने उन्हें अपनी नाराजगी व्यक्त नहीं की*
*मेरा गुस्सा बढ़ता गया।"*

**पाइजन ट्री : विलियम ब्लेक**

*"I was angry with my friend*
*I told my wrath*
*My wrath did end*
*I was angry with my foe*
*I told him not*
*My wrath did grow."*

**Poison Tree: William Blake**

## अपनी गलती और अज्ञानता तुरन्त स्वीकारें
(Quickly Realise Your Mistake and Ignorance)

***"किसी की आलोचना से पहले, उससे अपनी स्वयं की गलतियों की चर्चा कर लें।"***

**डेल कारनेगी**

***"Talk about your own mistake before criticising the other person."***

**Dale Carnegie**

इस विश्व में कोई भी व्यक्ति सर्वज्ञाता नहीं है। गलती होने की संभावना किसी से भी और कभी भी हो सकती है। इसीलिए तो किसी विद्वान ने कहा है कि **"गलती होना स्वाभाविक है"** (To err is human)। गलती अज्ञानतावश भी हो सकती है। जैसे एक छोटा बच्चा आग का स्वभाव नहीं जानता और पहली बार वह आग की लौ को पकड़ने को दौड़ता है। अपनी गलती या अज्ञानता को एक भी सेकेण्ड की देरी किये स्वीकार करें।

## दूसरों की आलोचना से आपको हानि होगी
(Criticism Harms)

"एक बार आचार्य चाणक्य को अपने शिष्य चंद्रगुप्त पर क्रोध आ गया। वे चाहते थे कि साम्राज्य की सीमाओं को सुरक्षित किए बिना चंद्रगुप्त अपने सम्राट बनने की खुशी के उत्सव का आयोजन न करे, परन्तु मातुल ने उत्सव की घोषणा कर दी। चाणक्य ने चंद्रगुप्त के नाम एक कड़ा पत्र लिखा। पत्र लिखकर वे कुटीर के बाहर निकले और बड़ी देर तक उपवन में उछलते हिरण के बच्चों को निहारते रहे। लौटकर पत्र चंद्रगुप्त को भेजने की बजाय अपनी ही पेटी में बंद कर दिया और पाटलिपुत्र की सीमाएँ छोड़कर नालंदा चले गए। गुस्से और आलोचना का पत्र लिखकर न भेजने की दूसरी घटना पूर्व अमेरिकी राष्ट्रपति अब्राहम लिंकन के जीवन में भी मिलती है। उन्होंने एक पत्र अपने सेनापति मीड को लिखा था। लिंकन ने यह पत्र मीड को जीवन भर नहीं भेजा। पत्र उनके मृत्यु के बाद उनकी फाइलों में मिला। चाणक्य ने पत्र ने भेजने का कारण लिखा है कि आलोचनाएँ शत्रुओं की संख्या बढ़ाती हैं। बात अपनी जगह एकदम सही है।"

जब हम किसी की आलोचना करते हैं, तब वह हमारे सुझावों पर अमल नहीं करता और हमारा शत्रु एवं हमारे विरुद्ध हो जाता है।

आलोचनाएँ हमें दो प्रकार से नुकसान पहुँचाती हैं – एक आंतरिक और दूसरी बाह्य। मस्तिष्क में आलोचनात्मक शब्द आने के पहले हमारे भीतर आलोचनात्मक भाव उत्पन्न होते हैं, जो हमारे भीतर नकारात्मक ऊर्जा उत्पन करते हैं तथा हमारे विचारों, शब्दों- वाक्यों को ही नहीं, हमारी शैली को नकारात्मक बना देते हैं। यह आलोचनात्मक भाव हमें नकारात्मक और प्रतिक्रियावादी बना देता है। आलोचनाएँ हमें एकांगी बना देती हैं।

ऐसे लोगों से कोई दोस्ती नहीं करता जो केवल आलोचनाएँ करते हैं। ऐसे लोग घर और बाहर दोनों जगह अलोकप्रिय होते हैं।

संसार में प्रत्येक व्यक्ति स्वयं को योग्य समझता है। वह अपनी समझ, अनुभव और परिस्थिति के अनुरूप निर्णय लेता है। तब वह आपकी आलोचना क्यों सहेगा?

ऐसे में कबीरदास की निम्नलिखित पंक्तियों हमेशा स्मरण रखिये।

***"बुरा जो देखन मैं चला, बुरा न मिलिया कोय***
***जो दिल खोजा आपना मुझसे बुरा न कोय।"***

**कबीर**

## स्वस्थ्य व्यक्तित्व की विशेषताएँ निम्नानुसार हैं
(Healthy Personality)

1. वास्तविक लक्ष्य (Realistic goals)
2. उत्तरदायित्वों को स्वीकारना (Acceptance of responsibilities)
3. संवेगों का सही प्रदर्शन (Expression of appropriate emotions)
4. दूसरों से जुड़ने की क्षमता (The ability to relate to others)
5. उच्च आत्मसम्मान (High self-esteem)
6. नये विचारों के लिए खुला दिमाग ( Openness to new ideas)

7. स्वतंत्र निर्णय लेने की क्षमता (Ability to make independent decisions)

8. सृजनात्मकता (Creativity)

## कई विचारों की लालसा रखें
(Lots of Ideas)

***"अच्छे विचार को प्राप्त करने का सर्वश्रेष्ठ तरीका है कि हम कई विचार करें।"***

**लीनियस पाउलिंग : नोबल पुरस्कार प्राप्त भौतिक शास्त्री**

***"The best way to get a good idea is to get a lot of ideas."***

**Linus Pauling : Nobel Physicist**

पूर्व राष्ट्रपति डॉ. अब्दुल कलाम का कथन है कि "पहले सपने देखो, उन्हें विचारों की परिधि में लाओ तथा उन्हें हकीकत में बदलने का प्रयास करो। तभी तो आप कोई अनोखा कार्य कर सकोगे।'

किसी भी समस्या के विचार-विमर्श करने पर हल के रूप में कई विकल्प सामने आते हैं और आप सर्वश्रेष्ठ विकल्प चुन सकते हैं। हो सकता है आप में बहुत सारी समस्याओं को हल करने की क्षमता हो।

## हम परिवर्तन का विरोध क्यों करते हैं
(Resisting Change)

यह एक मनोवैज्ञानिक तथ्य है कि हर व्यक्ति किसी भी परिवर्तन का विरोध करता है। हमें पता होता है कि हमारे व्यक्तित्व में ये नकारात्मक

गुण हैं। फिर भी हम उन्हें परिवर्तित नहीं करना चाहते हैं। इस परिवर्तन का विरोध के मनोवैज्ञानिक कारण हैं कि वर्तमान दशा व्यक्ति को आसान लगती है। व्यक्ति नये परिवर्तन में असफलता की शंकाएँ करता है। इस विरोध के चलते वह अपने व्यक्तित्व के उन नकारात्मक पहलुओं के बचाव में तर्क-वितर्क लगता है।

***"You can fool some of the people all of the time, and all of the people some of the time,but you cannot fool all of the people all of the time."***

**Lincoln**

## एक अच्छी टीम के सदस्य बनें
(Good Team)

***"साथ-साथ आना एक शुरुआत है, साथ-साथ रहने में प्रगति है साथ-साथ कार्य करने में सफलता है।"***

***"Coming together is a beginning, Keeping together is progress, Working together is success."***

सफलता के लिए आपके पास एक अच्छी टीम का होना आवश्यक है। एक व्यक्ति शारीरिक रूप से एक बार में एक जगह ही उपस्थित रह सकता है। बड़ी योजनाओं में निश्चित ही उसे अन्य लोगों की आवश्यकता होगी।

प्रकृति के अनुसार मनुष्य एक सामाजिक प्राणी है। हमारी संगत (मित्र मंडली) हमें अत्यधिक प्रभावित करती है। टीम के सदस्य एक दूसरे की अच्छी-बुरी आदतों से परिचित होते हैं। आपको आवश्यक है कि आपकी मित्र

मंडली अच्छे आचरण वाले व्यक्तियों की हो। अच्छे व्यक्तियों की संगत या साथ आपको यश और सफलता प्रदान करेगी जबकि गलत आचरण के व्यक्तियों का साथ आपको अपयश और असफलता की ओर ले जाएगी। इससे कोई फर्क नहीं पड़ेगा की टीम के सदस्य कितने भी विद्वान क्यों न हों। संगत के सम्बन्ध में गोस्वामी तुलसीदास ने लिखा है कि रावण के विद्वान और योद्धा होने के बावजूद आचरण ठीक न होने से उसकी संगत करने वालों को अपयश और हार का सामना करना पड़ा। तुलसीदास के अनुसार –

*"करत कुसंग चाहत कुशल,तुलसी यह अफसोस।*
*महिमा घटी समुद्र की, रावण बसा पड़ोस।।"*

यह भी एक मनोवैज्ञानिक सत्य है कि जीवन भर कड़ी मेहनत से प्राप्त यश एक छोटे से कुकृत्य या गलती से एक क्षण में अपयश में बदल जाता है। यह भी सच है कि यश की तुलना में अपयश बड़ी तेजी से फैलता है :

*"जब यश जूते के तमगे बाँध रहा था।*
*अपयश तब तक, शहर के चक्कर लगा रहा था।।"*

आपकी टीम के पुराने सदस्य आपका खजाना हैं। उनको सहेजकर रखना अत्यंत महत्वपूर्ण है।

*"नये मित्र बनाएँ, परन्तु पुरानी मित्रता भी बनाए रखें,*
*नये मित्र यदि चाँदी हैं, तो पुराने मित्र सोना हैं।"*

***"Make new friends, but keep the old,***
***Those are silver, these are gold."***

## धैर्य अनमोल है
(Patience)

***"सफलता का रहस्य, लक्ष्य के प्रति निरन्तरता में है।"***

**बेन्जामिन डिजरेली**

***"The secret of success is constancy to purpose."***

**Benjamin Disraeli**

यह सर्वविदित है कि मनुष्य की महानता के लक्षण उसके व्यवहार में छिपे रहते हैं। बड़ी से बड़ी परेशानी को सहजता से स्वीकार कर लेते हैं। अंग्रेजी के एक विद्वान ने आठ वर्षों के कठोर परिश्रम के बाद अंग्रेजी के विशाल शब्दकोष का लगभग दो-तिहाई भाग तैयार कर लिया। एक दिन जब वे बाहर जा रहे थे तो उनकी पत्नी ने बाजार से कुछ सामान लाने का काम भी सौंप दिया। अपनी व्यस्ततओं के चलते वे बाजार से सामान लाना भूल गए। जब वे शाम को घर लौटे तो अपना सामान न पाकर पत्नी क्रोध से बिफर उठीं। उन्होंने बिना कुछ सोचे-समझे उन विद्वान द्वारा तैयार किया गया शब्दकोष चूल्हे में डाल दिया। जब अंग्रेज विद्वान को ये बात मालूम हुई तो वे जरा भी नाराज नहीं हुए। पत्नी ने इसका कारण जानना चाहा तो वे बहुत सहज होकर बोले - 'कोई बात नहीं, मैं स्वयं भी शब्दकोष में संशोधन करने का विचार कर रहा था। हाँ, इतना जरूर है कि अब मुझे आठ वर्ष फिर परिश्रम करना पड़ेगा।'

हमारी जिंदगी भी बिलकुल ऐसी है। इसमें भी उतार-चढ़ाव आते रहते हैं। कई बार लगता है कि मंजिल बिलकुल करीब है। सफलता बिलकुल सामने नजर आती है। लगता है कि सफलता बस, हमारे हाथ लगने वाली है पर, सिर्फ निराशा ही हाथ लगती है। यदि हम गौर करें,

ध्यान दें, तो घोर निराशा के क्षणों में भी आशा की किरण खोज सकते हैं। बस जरूरत है तो अपने क्रोध पर काबू पाने और जीवन में सहजता, सरलता लाने की। कटु सत्य जीवन का एक हिस्सा है, तो क्यों न हम इसे सहज और मुस्कुराते हुए स्वीकार करें। फिर देखें कि जीवन हमेशा खुशगवार और मंजिल हमेशा ही करीब लगेगी। विपत्ति के समय भी हमें अपना धैर्य बनाए रखना चाहिए। सुख-दुख जीवन का एक चक्र है। भाग्य से इसका कोई लेना-देना नहीं है। प्रकृति के निष्ठुर चक्र में विपत्तियाँ तो आती ही हैं। ऐसी स्थिति में और अधिक ऊर्जा की आवश्यकता पड़ेगी। यह ऊर्जा शान्त मन, धैर्य और कर्मठता से हासिल कर सकते हैं।

*"जीवन में इसी तरह, दुख की घटाओं का अंधेरा है।*
*इसके भी पीछे शायद, रंगो का घेरा है,*
*एक इसी आशा के तर्क पर, दुख और दाह हम सहते हैं*
*जीवन में इसी आकर्षण को, इन्द्रधनुष कहते हैं।।"*

रमा सिंह - इन्द्रधनुष

## दुश्मनी में क्या रखा है? दोस्त बनें
(Be Friendly)

***"एक दुश्मन आपको जो नुकसान पहुँचा सकता है, इतना लाभ तो आपको दस दोस्त भी नहीं पहुँचा सकते हैं।"***

***"One enemy can do more hurt than ten friends can do good."***

## भविष्य के प्रति सकारात्मक सोच
(Positive Thought)

*"मेरी रुचि भविष्य में है, क्योंकि मुझे जीवन का अधिकांश शेष भाग वहीं गुजारना है।"*

**सी. केटरिंग**

***"My interest is in the future because I am going to spend the rest of my life there."***

**C. Kettring**

सफलता के लिए वर्तमान का अधिकतम उपयोग कीजिए। सुनहरे भविष्य के लिए वर्तमान की दहलीज पार करनी होती है। सकारात्मक सोच से हम विपरीत से विपरीत परिस्थितियों से भी धनात्मक आयाम प्राप्त कर सकते हैं। इसी को आशावाद (Optimism) कहते हैं, जिसमें हम विकटतम परिस्थिति के अंत में भविष्य में उम्मीद की किरण प्राप्त करने का प्रयास करते हैं।

प्रत्येक घटना/परिस्थिति/तंत्र के दो आयाम होते हैं। एक आयाम लाभदायी तथा दूसरा आयाम हानिकारक। जिस तंत्र में हानिकारक आयाम की तुलना में लाभदायक आयाम ज्यादा हो, वही सर्वश्रेष्ठ विकल्प आप चुन सकते हैं। चुनाव के बाद उस तंत्र के हानिकारक आयाम को तो भुगतना ही पड़ेगा। हाँ उसकी तीव्रता कम की जा सकती है। कई व्यक्ति अपने भविष्य के प्रति नकारात्मक सोच विकसित कर लेते हैं। उनके चिंतन में निराशावाद (Pessimism) दिखाई पड़ता है। ऐसे व्यक्ति सब कुछ ठीक-ठाक होने पर भी बुरा होने की आशंका से चिन्तित दिखते हैं। उन्हें प्रत्येक कार्य और चीज में बुराई नजर आने लगती है। ये सब हमारी

सोच पर निर्भर करता है। अंग्रेज महाकवि शेक्सपियर के अनुसार ***"कोई वस्तु अच्छी या बुरी नहीं होती, हमारी सोच उसे वैसी बना देती है।"*** लिंकन कहा करते थे "अधिकांश लोग प्रायः उतने ही सुखी होते हैं, जितना सुखी होने का वे, निश्चय कर लेते हैं।" हमारी सांस्कृतिक सोच में भी सकारात्मकता को बल दिया गया है। महाकवि तुलसीदास ने लिखा है कि :

***"जो इच्छा करि हो मनमाहीं। रामकृपा कछु दुर्लभ नाहीं।।"***

तात्पर्य यह है कि प्रकृति भी ऐसे लोगों की मदद करती है, जो जीवन और भविष्य के प्रति धनात्मक और सकारात्मक सोच रखते हैं। विपरीत परिस्थितियों में भी धनात्मक सोच और आशावाद आपको ऊर्जा प्रदान करेगा आप दुगुनी शक्ति से उनका सामना कर लक्ष्य प्राप्ति की ओर अग्रसर होंगे।

❑❑❑

# 6

# संवेगात्मक बुद्धि : जीवन में सफलता की कुंजी

## Emotional Intelligence

*"कोई भी व्यक्ति क्रोधित हो सकता है - यह सरल है। परंतु सही व्यक्ति पर, सही मात्रा में सही समय, सही उद्देश्य के लिए और उचित तरीके से क्रोधित होना कठिन कार्य है।"*

अरस्तू

***"Any one can become angry - that is easy. But to be angry with the right person, to the right degree, at the right time, for the right purpose, and in the right way - that is not easy."***

**Aristotle**

आज औद्योगिक, भौतिक, प्रगतिवादी एवं प्रतिस्पर्धा वाले युग में हर व्यक्ति सफल होना चाहता है। अपनी एक अलग पहचान बनाना चाहता है।

हम अपने आस-पास नजर डालें तो पाएँगे कि कुछ लोग जो बहुत साधारण स्तर से उठकर एक अपार सफलता के मालिक हैं, आखिर उनके पास ऐसी कौन-सी शक्ति है, जिसने उन्हें इस ऊँचाई पर पहुँचाया है? कुछ उदाहरण, जैसे धीरू भाई अम्बानी जो एक पेट्रोल पंप में काम करते थे, बिल गेट जो सिर्फ दसवीं तक पढ़े हैं। आखिर उनकी इस सफलता के क्या कारण हैं? आखिर हैं तो वे भी साधारण इंसान लेकिन असाधारण उपलब्धि के मालिक कैसे बने? सभी को समान अवसर (Chance) मिले, लेकिन सभी उस ऊँचाई पर क्यों नहीं पहुँच पाते?

साधारण तौर पर हम कहेंगे कि उनकी बौद्धिक क्षमता या बुद्धि (IQ) ज्यादा है लेकिन ऐसा देखने में आता है कि एक व्यक्ति जिसकी बुद्धि (IQ) सामान्य है, लेकिन सफलता के पैमाने में वह ऊँचा है। क्या मुकेश भाई अम्बानी और बिल गेट से अधिक बुद्धि (IQ) वाले लोग नहीं होंगे? तब वे उस स्तर पर क्यों नहीं पहुँच पाये? इस सफलता में बुद्धि के अलावा किसका महत्वपूर्ण हाथ है?

सफलता के पीछे बुद्धि को सबसे महत्वपूर्ण बताया गया है। मनोवैज्ञानिकों द्वारा बुद्धि (IQ) के मापन के लिए अधिकाधिक परीक्षण निर्मित किये गये लेकिन जब देखा गया साधारण बौद्धिक क्षमता वाला व्यक्ति अधिक बौद्धिक क्षमता वाले व्यक्ति से ज्यादा सफल है, तब उनकी सफलता के कारणों का पता लगाया गया। हमारे सामने एक नया शब्द (Concept) आया, जिसे संवेगात्मक बुद्धि (Emotional Quotient) कहा गया। जो मनोवैज्ञानिक जगत की नई खोज एवं उपलब्धि है।

सबसे पहले डेनियल गालमेन जिन्होंने 1985 में अपने 17 साल के अध्ययन में कई सफल व्यक्तियों पर लेख लिखे, उन्होंने पाया कि

व्यक्ति की सफलता में बुद्धिलब्धि (IQ) के अलावा एक महत्वपूर्ण प्रतिभा होती है, जिसे उन्होंने संवेगात्मक बुद्धि (EQ) नाम दिया।

बुद्धिलब्धि (IQ) जन्मजात एवं आनुवांशिक होती है, जिसका सफलता में सिर्फ 20 प्रतिशत योगदान होता है। जबकि सफलता में 80 प्रतिशत योगदान संवेगात्मक बुद्धि (EQ) का होता है। ईश्वर और आनुवांशिकी ने हमें जो बुद्धि दी है, उसमें परिवर्तन नहीं किया जा सकता लेकिन संवेगात्मक बुद्धि अर्जित की जा सकती है। उसका विकास प्रशिक्षण द्वारा किया जा सकता है। अतः हमारे जीवन में संवेगात्मक बुद्धि (EQ) का महत्व बहुत अधिक है, जो औसत बुद्धि वाले व्यक्ति से भी असाधारण कार्य करा सकती है।

संवेगात्मक बुद्धि (EQ) का आधार संवेग है। अतः व्यक्ति के जीवन में संवेग महत्वपूर्ण होते हैं, क्योंकि सफल व्यक्ति के पीछे दो चीजें होती हैं पहली इच्छा शक्ति; दूसरी संवेदनशीलता।

कुछ व्यक्तियों में संवेगात्मक संवेदनशीलता और इच्छाशक्ति होती है, जब इच्छाशक्ति होती है तब आत्मविश्वास होता है। ये सब मिलकर एक व्यक्ति में ऐसी ऊर्जा का निर्माण करते हैं, जिससे व्यक्ति ऊँचे से ऊँचे लक्ष्य को पा लेते हैं। संवेग (Emotion) का सम्बन्ध सुख-दुख सम्बन्ध होता है। अतः संवेगात्मक बुद्धि का सम्बन्ध संवेग से होता है। जो शब्द से ही स्पष्ट है। संवेग (Emotion) बदलते हैं। संवेगों को नियंत्रित करके उनका प्रबंधन किया जा सकता है, जो सफलता का रहस्य है। दो व्यक्ति जिसमें एक व्यक्ति की संवेगात्मक बुद्धि ज्यादा है और दूसरा जिसकी संवेगात्मक बुद्धि कम है, कौन ज्यादा सफल होगा? इसका उत्तर होगा--जिसमें संवेगात्मक बुद्धि (Emotional Quotient)

ज्यादा है। क्योंकि उसने अपने और दूसरों के संवेगों को नियंत्रित करना सीख लिया है। अतः संवेगों का प्रबंधन ही उसकी सफलता है।

व्यक्ति की बुद्धिलब्धि (IQ) की तुलना में संवेगात्मक बुद्धि (EQ) में जीवनपर्यन्त वृद्धि संभव है। अतः प्रशिक्षण लेते जाओ और संवेगात्मक बुद्धि में वृद्धि होती जाएगी। इसका उदाहरण जैसे-जैसे हम बड़े होते जाते हैं, हम दूसरों के स्वभाव और मिज़ाज (Mood) के बारे में ज्यादा समझने लगते हैं। लोगों की अनुभूतियों को समझने लगते हैं। अतः हम ज्यादा परिपक्व होने लगते हैं। हम क्या कर रहे हैं? हम संवेगात्मक क्षमता अर्जित कर रहे हैं। वही व्यक्ति सफल है, जो अपने संवेगों को पहचानने के साथ ही दूसरों के संवेगों को कितनी सफलता से पहचानता है एवं उनके संवेगों को नियंत्रित कर उनका प्रबंधन करता है। तभी वह दूसरों के साथ सम्बन्ध बना सकता है और एक संगठन बना कर सफल हो सकता है।

कुछ लोग बुद्धिमान नहीं होते पर मेहनती और धैर्यवान ज्यादा होते हैं तथा सफल हो जाते हैं। कछुआ और खरगोश की कहानी हमारे सामने उदाहरण है। अपने संवेग को नियंत्रित करके दूसरों के संवेग को पहचान कर एवं नियंत्रित करने की क्षमता जितनी ज्यादा होगी, वह उतना ही सफल होगा। अतः उसमें संवेगात्मक प्रतिभा होनी चाहिए। संवेगात्मक प्रतिभा में चार क्षमताएँ आती हैं। जिस व्यक्ति के व्यवहार में यह चार क्षमताएँ होंगी, वह व्यक्ति अपनी टीम पर नियंत्रण की क्षमता रखता है। ये क्षमताएँ निम्नानुसार हैं —

1. आत्म जागृति (Self-awareness)
2. आत्मप्रबंधन (Self-management)
3. सामाजिक जागृति (Social Awareness)
4. सामाजिक कुशलताएँ (Social Skills)

**1. आत्म जागृति (Self-awareness) :** आत्म जागृति से तात्पर्य स्वयं को समझना, अपनी क्षमताओं को जानना। अपने संवेगों को समझना। अपनी योग्यता (Ability), अपनी कमजोरी और अपनी ताकत को जानना। जिसमें EQ ज्यादा है वह अपनी योग्यता, अपनी कमजोरी अपनी ताकत को जानते हुए कार्य करता और सफल होता है।

**2. आत्म प्रबंधन (Self-management) :** यह ऐसी क्षमता होती है, जिसमें व्यक्ति अपने अभिप्रेरणाओं का प्रभावपूर्ण ढंग से प्रबंधन करता है और अपने व्यवहार को नियंत्रित करता है। कौन-सा कार्य आवश्यक है? किसे पहले करें? उपयुक्त समय पर उपयुक्त काम करना। अतः आत्म प्रबंधन लक्ष्यप्राप्ति में हो रही देरी के समय धैर्य धारण करना कहलाता है।

**3. सामाजिक चेतना (Social Awareness) :** सामाजिक चेतना का अर्थ दूसरों को पहचानना है। अतः सामाजिक चेतना ऐसी क्षमता है, जो व्यक्तियों को दूसरों के कथनों, अहसासों और क्रियाओं को समझाती है। जिसमें यह प्रतिभा होती है वह व्यक्ति उनकी संवेगात्मक बुद्धि का मालिक होता है और अपने क्षेत्र में सफल होता है।

**4. सामाजिक कुशलताएँ (Social Skills) :** यह वह क्षमता होती है, जो यह तय करती है कि लक्षित परिणाम को या व्यक्तिगत लक्ष्य को सामाजिक संदर्भों से समरूपता के साथ कैसे प्राप्त किया जाये। इसमें ऐसी सामाजिक कुशलताओं को हासिल करना होता है, जिससे लक्ष्य की प्राप्ति हो।

अतः व्यक्ति की सफलता के लिए व्यक्ति को अपने संवेगात्मक बुद्धि का उपयोग ज्यादा से ज्यादा करना चाहिए। जिसमें संवेगात्मक प्रतिभा (EQ) ज्यादा होगी, वह व्यक्ति उतना ही सफल होगा। संवेगों में प्रशिक्षण से आप निम्नलिखित क्षमताएँ हासिल कर सकते हैं।

1. संवेगों का नियंत्रण (Control of Emotions)

2. संवेगों का प्रदर्शन (Expression of Emotions)

3. संवेगों को पहचानना (Identification of Emotions)

अतः हम कह सकते हैं कि सफलता के लिए आवश्यक शक्ति में बुद्धिलब्धि (IQ) और अपने प्रयत्नों द्वारा प्राप्त संवेगात्मक प्रतिभा (EQ) द्वारा हम अपने लक्ष्यों तक पहुँच सकते हैं। संवेगों का प्रबंधन और अपने साथियों के संवेगों को प्रबंधित कर सफलता प्राप्त की जा सकती है।

भारतीय ज्यादा संवेगात्मक (Emotional) होते हैं। यदि उनमें संवेगात्मक प्रतिभा को विकसित किया जाये तो वह ज्यादा सफल हो सकते हैं।

संवेगात्मक बुद्धि (Emotional Intelligence) व्यक्ति की उस क्षमता का प्रतिफल है, जिससे वह दिन-प्रतिदिन की वातावरणीय चुनौतियों और उसके जीवन के व्यक्तिगत लक्ष्यों की सफलता का पूर्वानुमान कर सकता है।

यहाँ हम क्रोध को व्यक्तित्व की धनात्मक या ऋणात्मक विशेषता के रूप में उसके प्रभाव का अध्ययन नहीं कर रहे हैं। प्रत्येक व्यक्ति को किसी समय पर क्रोध आता होगा। यद्यपि क्रोध की स्थिति में आपको सतर्क रहने की आवश्यकता है। संवेगात्मक प्रतिभा से प्रत्येक संवेग, अहसास और मूड को पृथक रूप से पहचाना और *टेकिल* किया जा सकता है। क्रोध के नियंत्रण और प्रबंधन से क्रोध से जन्म लेनी वाली समस्याओं से छुटकारा पाया जा सकता है।

**टिप : "यदि क्रोध आये तो, बोलने से पहले दस तक गिनिए, अगर क्रोध बहुत अधिक है, तो सौ तक गिनिए।"**

## दीर्घकालिक संवेगात्मक अवस्था स्वास्थ्य के लिए हानिकारक है
(Emotional State)

हमारे शरीर में उत्पन्न संवेग सुखद या दुखद होते हैं। क्रोध, भय, प्रेम, ईर्ष्या, आश्चर्य और दुख आदि भाव उत्पन्न होना संवेग कहलाता है। संवेग से शारीरिक अंगों और मनोदशा में तूफान, उपद्रव या विध्वंस की स्थिति उत्पन्न हो जाती है। हालांकि संवेग प्रारंभिक अवस्था में हमारे जीवन के लिए आवश्यक एवं उपयोगी है।

संवेगों का अधिक तीव्रता में और अधिक देर तक बने रहने पर इनका बहुत नकारात्मक प्रभाव पड़ता है। संवेग की स्थिति में व्यक्ति में अनेक शारीरिक परिवर्तन होते हैं। ये परिवर्तन अनेक प्रकार के होते हैं, जैसे चेहरे के हावभाव (Facial Expression); आवाज में उतार चढ़ाव (Voice Changes); शारीरिक भाव-भंगिमा में परिवर्तन (Changes in Body Posture), आंतरिक परिवर्तन (Internal Changes) जैसे - हृदयगति, रक्तचाप, नाड़ी की गति, पाचन-क्रिया आदि में परिवर्तन, हारमोन ग्रंथियों में परिवर्तन होता है।

तीव्र संवेग का अधिक देर तक शरीर में रहने पर, शरीर पर घातक प्रभाव पड़ता है। यहाँ तक कि हमारे शरीर में रोगों से लड़ने की क्षमता, जिसे प्रतिरोधक क्षमता (Immunity) कहते हैं, भी कम हो जाती है। जिससे संक्रमण से हमें वह बीमारी होने की संभावना बढ़ जाती है।

मानव शरीर में उपस्थित टी-कोशिकाएँ शरीर में रोगों के विषाणुओं और वैक्टेरियाओं की पहचान कर, उन्हें नष्ट कर देती हैं। इसके लिए टी-कोशिकाएँ, रक्तप्रवाह के साथ शरीर के लगभग सभी भागों में जाकर,

कोशिकाओं को स्पर्श कर, इस बात की पहचान करती हैं कि स्पर्श की गई वस्तु स्थानीय है या विदेशी।

विदेशी अंश होने पर टी-कोशिकाएँ ऐसे रसायन उत्पन्न करती हैं, जो विदेशी अंश को समाप्त कर देती हैं। अधिक देर तक संवेग की उपस्थिति, जैसे अत्यधिक शोक की अवस्था में इन टी-कोशिकाओं पर प्रभाव पड़ता है और कोशिकाओं की प्रतिरोधक क्षमता कम हो जाती है जिससे कोई भी संक्रमण हमें बीमार कर देता है। अधिक देर संवेग की स्थिति में ये कोशिकाएँ स्थानीय और विदेशी अंशों को पहचानने में गलती करने लगती हैं। स्थानीय अंशों को विदेशी अंश मानकर इन पर आक्रमण कर देती हैं, जिससे हमारे शरीर में एलर्जी (Autoimmunity disorder) उत्पन्न हो जाती है।

## उच्च संवेगात्मक प्रतिभागी को कैसे पहचानें (Identification)

डेनियल गोलमेन के अनुसार उच्च संवेगात्मक प्रतिभा के व्यक्ति में निम्नलिखित विशेषताएँ देखी जा सकती है--

1. ऐसे व्यक्ति हताशाओं और असफलताओं का निरंतर सामना करते हुए अपने आप प्रेरित करने की क्षमता रखते हैं।

2. ऐसे व्यक्ति अपने संवेग और उत्तेजनाओं को नियंत्रित कर सकते हैं तथा संतुष्टि में हो रही देरी को सहन कर लेते हैं।

3. ऐसे व्यक्ति अपनी मनोदशा को प्रबंधित कर असहनीय और अपमानजनक स्थिति में भी अपनी चिंतन क्षमता बनाए रखते हैं।

4. उच्च संवेगात्मक प्रतिभा वाले व्यक्ति तनाव और चिंता पर तुरंत काबू पा लेते हैं।

## संवेगात्मक बुद्धि या प्रतिभा का विकास कैसे करें (Emotional Intelligence)

अपने और दूसरों के संवेगों के प्रबंध से संवेग जैसे – क्रोध, भय, खुशी और दुख आदि ऐसे अहसास हैं, जो दिन प्रतिदिन, हम और आप में उत्पन्न होते हैं। जीवन में सफलता के लिए हमें कार्यों के सम्पादन में दूसरों का सहयोग प्राप्त करने की आवश्यकता होती है। मान लीजिए आप किसी संस्था के बॉस हैं, तब आपको अपने अधीनस्थों से अधिकतम कार्य करवाने के लिए उनके क्रोध और नाराजगी जैसे संवेगों का प्रबंधन करना होगा। आपको अपने संवेगों को भी प्रबंधित करना होगा। कब आपको कितना और कैसे पुरस्कार और दण्ड सिद्धान्त का प्रयोग करना है अन्यथा आपके सारे प्रशासनिक प्रयास व्यर्थ होगें और कर्मचारियों में आपके और संस्थान के प्रति असंतोष उत्पन्न होगा। जिससे उनमें हताशा, निराशा, चिन्ता और तनाव उत्पन्न होगा। उनके कार्य करने की क्षमता प्रभावित होगी।

संवेगात्मक प्रतिभा के विकास हेतु प्रशिक्षण में आपको संवेगों के प्रबंधन में महारत हासिल करनी होगी। इसके लिए संवेगों को समझना होगा। संवेगात्मक प्रतिभा के लिए आपको प्रशिक्षण द्वारा निम्नलिखित क्षमता हासिल करनी होगी।

1. आप में संवेगों की उपस्थिति अनिवार्य।
2. दूसरों के संवेगों की पहचान की क्षमता।
3. अपने संवेगों के प्रदर्शन/संप्रेषण की क्षमता।
4. अपने तथा दूसरों के संवेगों को नियमित करने की कुशलता।

## संवेगात्मक प्रतिभा के दुश्मन : इनसे बचें
(Enemies)

**1. अन्धी महत्वाकांक्षा :** कई लोग किसी भी हालत और किसी भी कीमत पर सफलता प्राप्त करना चाहते हैं। ऐसे व्यक्ति हर स्थिति में प्रतिस्पर्धा को महत्व देते हैं जबकि सहयोग के महत्व को भूल जाते हैं। वे अपनी ही सोच को सही समझते हैं। जिद्दी और अड़ियल स्वभाव धारण कर लेते हैं। इससे उनकी संवेगात्मक प्रतिभा का ह्रास होता है।

**2. अवास्तविक लक्ष्य :** कोई भी कार्य या लक्ष्य असम्भव नहीं है लेकिन हमारी सीमाएँ होती है। हमें लक्ष्य ऐसा निर्धारित करना चाहिए, जो उस समय काल में हासिल करना संभव हो। हालांकि लक्ष्य प्राप्ति के बाद हम उससे आगे का लक्ष्य निर्धारित कर, उसे प्राप्त करने का प्रयास कर सकते हैं।

## संवेगात्मक दक्षता
(Emotional Competence)

संवेगात्मक दक्षता से तात्पर्य उस क्षमता से है, जिसके द्वारा हम अपने संवगों के ज्ञान को कार्यस्थल पर अपनी कार्यकारी क्षमता में परिवर्तित कर देते हैं। उदाहरण के लिए समानुभूति (Empathy) एक संवेग है और बीमा कर्मचारी अपने क्लाइण्ट पर इसका उपयोग कर अधिक से अधिक बीमा पॉलिसी बेचकर अपनी कम्पनी को लाभ पहुँचाता है।

## परिपक्व व्यक्तित्व की परीक्षण सूची
(Check List)

1. आत्म सच्चाई (Self-honesty)
2. आत्म ज्ञान (Self-awareness)

3. आत्म नियंत्रण (Self-regulation)

4. भरोसेमंद (Trustworthiness)

5. आत्म विश्वास (Self-confidence)

6. आत्म प्रबंधन (Self-management)

7. आत्म मूल्यांकन (Self-assessment)

8. द्वन्द्व प्रबंधन (Conflict management)

❑❑❑

# 7

# आध्यात्मिक बुद्धि : जीवन में गुणवत्ता
## Spiritual Quotient

जीवन में गुणवत्ता औद्योगिक एवं शैक्षिणिक जगत में एक नया शब्द आध्यात्मिक बुद्धि या प्रतिभा, प्रचलित हो रहा है, जिसे किसी व्यक्ति के पेशे और जीवन में सफलता का आवश्यक फार्मूला बताया जा रहा है। परंतु इसकी जड़ें हमारे जीवन के अंदर हैं। इसके महत्व पर कभी ध्यान नहीं दिया गया। इसका नाम है--आध्यात्मिक बुद्धि (Spiritual Quotient or SQ)।

प्राचीन काल से 'धर्म' व्यक्ति के व्यवहार और आचरण के नियंत्रण का साधन था। इस आधुनिक और मशीनीकृत समय में धार्मिक ग्रंथों का अध्ययन करने का समय नहीं मिल पाता है। अतः अब समाज के सदस्यों को अच्छे आचरण और विवेक का पाठ कौन पढ़ाएगा? औद्योगिक जगत में व्यक्ति 16 से 18 घण्टे अपने कार्यस्थल (Work place) पर व्यतीत करता है। अत्यधिक काम के बोझ से व्यक्ति में तनाव (Tension),

दुश्चिंता (Anxiety) एवं हताशा (Frustration) बढ़ने से उसका शारीरिक और मानसिक स्वास्थ्य प्रभावित हो सकता है। औद्योगिक प्रबन्धन इससे बचाव के लिए कार्यस्थल पर ही साधु-सन्त चिन्तक, प्रवचनकर्ता और आध्यात्मिक गुरुओं के सेमीनार एवं कार्यशालाएँ आयोजित कर आध्यात्मिकता के कोर्स (Crash Course) आयोजित करते हैं, जिससे मशीनीकृत वातावरण की नीरसता में कर्मचारी में आध्यात्मिक प्रतिभा उत्पन्न हो और कर्मचारियों को जीवन सरस एवं सार्थक लगने लगे।

आध्यात्मिक बुद्धि (SQ) के बारे में इसके संस्थापकों का कहना है कि यह जीवन की आत्म सिद्धि (Self-actualisation) की स्थिति है। आध्यात्मिक प्रतिभा हमें हमारे जीवन मूल्य और जीवन को अर्थ प्रदान करने योग्य बनाती है। यह हमें इस जगत की भौतिक सफलता के परे देखने में मदद करती है।

इस जगत को समझने के लिए आध्यात्मिक प्रतिभा की आवश्यकता है। आध्यात्मिकता, धर्म के समान मानवता से सम्बन्धित तत्व है। बहुत पहले ऐसा विश्वास किया गया जाता था कि व्यक्ति की बौद्धिक बुद्धि (IQ) उसकी जीवन की सफलता और उपलब्धियों का संकेतक है। अर्थात् इसका तात्पर्य था कि व्यक्ति जितना बुद्धिमान होगा, वह जीवन में उतना ही सफल होगा। बहुत सारे बुद्धि परीक्षण बनाए गये और ऐसा माना गया कि उच्च बुद्धिलब्धि (High IQ) प्राप्तांक वाले व्यक्ति जीवन में उच्च भौतिक सफलता प्राप्त करेंगे। ऐसे व्यक्तियों को शैक्षणिक संस्थाओं और रोजगार जगत में प्राथमिकताएँ दी गईं।

आपको आध्यात्मिक बुद्धि को समझने के लिए मस्तिष्क से हृदय की ओर जाना पड़ेगा। जीवन में भौतिक सफलता प्राप्त करने के साथ-साथ हमें आध्यात्मिक सफलता भी प्राप्त करना होगी। यह आध्यात्मिक अवस्था धार्मिक अवस्था के बाद की स्थिति है। धार्मिक ग्रंथ पढ़ना एक बात है। उसमें से जीवन दर्शन की खोज ही आध्यात्मिकता है। आध्यात्मिक बुद्धि (SQ) का कार्य बुद्धि (IQ) और संवेगात्मक बुद्धि (EQ) के बीच संतुलन बनाए रखना है। आध्यात्मिक बुद्धि का प्रयोग करने पर व्यक्ति अपनी बुद्धि और संवेगात्मक बुद्धि का दुरुपयोग नहीं कर पाता। अतः समाज में नैतिकता के उच्च मानक बने रहते हैं। ज्ञान होना एक अलग बात है और उस ज्ञान का सही उपयोग करना अलग बात है। व्यक्ति अपनी सृजनात्मक क्षमता का उपयोग आध्यात्मिक बुद्धि (SQ) के आधार पर करता है।

## समग्र बुद्धि
(IQ, EQ & SQ)

मुख्यतः बौद्धिक बुद्धि (IQ) का तात्पर्य आधारभूत बुद्धि से होता है, जो हम सबमें है और इससे हम दिन प्रतिदिन के कार्य करते हैं।

संवेगात्मक बुद्धि (EQ) का सम्बन्ध संवेगों से है। हम प्रायः सुख-दुख महसूस करते हैं। ये संवेग हमारे दैनिक जीवन के दिन प्रतिदिन का हिस्सा हैं। एक सामान्य व्यक्ति में बुद्धि सामान्यतः 90-110 होती है।

बुद्धि (IQ) का अपना महत्व है लेकिन संवेगात्मक बुद्धि (EQ) का भी होना आवश्यक है। बुद्धि (IQ) के बढ़ने के साथ समायोजन

बढ़ता है लेकिन 130 से ज्यादा बुद्धि (IQ) होने पर समायोजन से सम्बन्ध खत्म हो जाने लगता है और वह इस दुनिया की व्याख्या अपने अनुसार करने लगता है। जिससे समाज में अव्यवस्था की संभावना बन सकती है। ऐसे समय में आध्यात्मिक बुद्धि के द्वारा उसकी प्रतिभा पर संतुलन बनाना आवश्यक है। वह दुनिया में सृजन और नई-नई खोजें कर समाज में क्रांति ला सकता है।

बौद्धिक बुद्धि (IQ) का और सांवेगिक बुद्धि (EQ) का सम्बन्ध व्यक्तिगत और भौतिक उपलब्धियों से होता है, जबकि आध्यात्मिक बुद्धि का सम्बन्ध व्यक्ति, परिवार और सामाजिक कल्याण एवं सांस्कृतिक विकास से होता है। आध्यात्मिक बुद्धि (SQ) इन दोनों में नियंत्रण स्थापित करती है। अतः आध्यात्मिक बुद्धि (SQ) भी उतनी ही महत्वपूर्ण है जितनी कि बौद्धिक बुद्धि या सांवेगिक बुद्धि।

बौद्धिक बुद्धि और सांवेगिक बुद्धि (IQ & EQ) होने पर भौतिक सफलता मिलेगी, जबकि आध्यात्मिक बुद्धि (SQ) से आंतरिक शांति मिलेगी। बिना आध्यात्मिक बुद्धि (SQ) के एक बुद्धिमान व्यक्ति बर्बाद बुद्धिमान (Spoiled genius) हो सकता है।

आध्यात्मिक बुद्धि श्रेष्ठ संतुलन क्रिया है। आध्यात्मिकता को धार्मिक, ग्रंथों या दर्शनशास्त्र पर निर्भर रहने की आवश्यकता नहीं है और न ही सम्मोहक आँखों युक्त कोई साधु की जरूरत होगी, जो हमें हिमालय पर ले जाकर आध्यात्मिकता का ज्ञान देगा। आध्यात्मिक बुद्धि के विकास के लिए हमें जीवन का नियंत्रण अपने हाथों में लेना पड़ता है। हम अपने अनुभवों और कृत्यों की ज़िम्मेदारी स्वयं लेते हैं। हमें प्रतिक्रियावादी न

होकर, सक्रिय होना पड़ता है। उच्च आध्यात्मिक बुद्धि हमारे क्रियाकलापों को सही दिशा और शक्ति प्रदान करेगी।

जब हम उच्च बौद्धिक क्षमता और संवेगात्मक परिपक्वता के उपयोग से कार्य करते हैं, तो आध्यामिकता स्वतः आ जाती है। हो सकता है कि अधिक बुद्धि का व्यक्ति सामाजिक समरूपता को प्रदर्शित न कर सके। उसका हर वस्तु को परिभाषित करने का नजरिया नवीन होता है लेकिन इस नवीनता में समाज कल्याण की भावना होनी चाहिए। ऐसी नवीनता सृजनात्मक्ता (Creativity) कहलाती है। इससे ही नई खोजें और आविष्कार होते हैं। इसके अलावा एक सामान्य बुद्धि के व्यक्ति में सामाजिक समरूपता अधिक होती है। उच्च बौद्धिक क्षमता वाले व्यक्ति में संवेगात्मक परिपक्वता का होना आवश्यक है अन्यथा वह अपनी बुद्धि का उपयोग समाज विरोधी या समाज के लिए घातक कार्यों में कर सकता है।

1. आध्यात्मिक बुद्धि संतुलनकारी शक्ति है।

2. यदि हमने व्यक्ति में संवेगात्मक बुद्धि विकसित कर दी और बौद्धिक बुद्धि IQ) व्यक्ति में है, तब अंतिम लक्ष्य आध्यात्मिक बुद्धि का विकास करना होगा।

3. आध्यात्मिक बुद्धि के लिए धार्मिक किताबें पढ़ना आवश्यक नहीं है। इस बुद्धि का सम्बन्ध मानवता से है, जिसमें सहानुभूति, सामाजिक विकास आदि की भावना विकसित होती है। अतः इसका सम्बन्ध जीवन में गुणवत्ता (Quality of life) लाने से है।

4. आध्यात्मिक बुद्धि आवश्यक है ताकि जीवन में भौतिक उपलब्धियों का दुरुपयोग न हो सके।

5. आध्यात्मिक बुद्धि अंतिम बुद्धि या प्रतिभा है। यह आत्मसिद्धि की प्राप्ति है।

6. आध्यात्मिक बुद्धि से व्यक्ति के व्यक्तित्व में शक्तिवर्धन होता है। व्यक्ति में वह शक्ति का संचरण करती है।

7. आध्यात्मिक बुद्धि एक जीवन दर्शन Philosophy of Life) है।

8. इन तीनों बुद्धिओं के उपयोग से आपके जीवन की सार्थकता (Significance of Life) के अहसास में वृद्धि होगी।

❑❑❑